증오의 모호한 대상

자크 아순

김승철 옮김

東 文 選

증오의 모호한 대상

Jacques Hassoun
L'obscur object de la haine

© 1997, Aubier

This edition was published by arrangement
with Éditions Aubier, Paris
through Sibylle Books, Seoul

프랑스인이라는 이유로 1956년 10월부터 1957년 1월 사이에 이집트에서 추방된 모든 사람들에게.

신분증이 없다는 이유로 프랑스에서 추방된, 쿠프라와 몽테 카시노서약의 재향군인 자녀들에게.

증오가 불러일으키려는 것이 무엇인지 아는 샹탈과 장 폴 마이예에게.

프로이트 서클에서 내 세미나를 계속해서 수강한 모든 이들과 (몇몇 사람들은 1985년 10월 이후에), 이 책을 만드는 데 기여한 모든 이들에게 감사한다.

차 례

서 문 -- 9

1. 증오에 대하여 --- 11

2. 증오는 사실적이다 -- 23

3. 남근의 증오, 또는 증오는 자연적이다 ------------------------ 33

4. 악마의 페니스 --- 51

5. 제도와 증오 --- 67

주 석 -- 133
참고 문헌 -- 149
역자 후기 -- 153
색 인 -- 159

두려움을 주는 침묵 속에서 잠자코 틀어박혀 있는 법을 배워야 한다. 파시즘과 마주할 때 중요한 것은 분명 반파시즘이다. 좌파의 슬로건을 갖고 거리를 다니는 것은 매우 좋다. 치욕을 응시하는 눈으로 거리를 걷는 것은 이 눈이 두려움을 줌에 따라 중요하고도 필요 불가결한 일이다. 눈은 말하지 않고, 더 이상 노래 부르지 않는다. 그 눈은 공포를 바라보고, 공포를 두렵게 한다.

1990년 5월 16일, 레오 페레.

증오로부터 슬픔이 생겨나고, 증오가 강렬할 때 분노가 생겨난다. 분노는 증오처럼 저주받은 일을 회피하고, 가능하면 그것을 파괴하려는 경향이 있다. 마찬가지로 이런 강렬한 증오로부터 선망이 생겨난다.

스피노자, 《소론》(1650년 또는 1660년) 2부, 6장, 5.[1]

서 문

이 책은 이중 노선의 합류점에 자리잡는다. 이리하여 지난 10년 동안 주체에 관한 배제 효과를 다루려 했던 작업을 이 책으로 마무리하게 된다.

또한 이 책은 앞선 두 권의 책, 《완고한 열정》[2]《우울한 잔혹성》[3]에 연결되어 개개인이 타자와 맺는 관계를 조사하는 글쓰기의 한 연작을 종결한다.

확실히 열정적인 사람이 자신이 희생물인 열정적인 이미지에 의해 주체성을 상실하도록 내버려졌다는 점에서 타자에게 사로잡혀 있다면, 우울한 사람——**모든 사람들 가운데 가장 불행한**——은 스스로가 무능하다는 놀라움에 사로잡혀 내면의 수수께끼 같은 불행의 무한한 되풀이 속에 빠져들기 위해 자신의 욕망과 말, 그리고 목소리를 박탈해 버리는 잔혹성·당혹함·무기력 속에 잠겨 있는 사람이다.

증오에 사로잡힌 **주체**는 타자가 그의 마음속에 불러일으키는 공포에 휩싸여, 자신의 무능에서 비롯되었다고 생각하는 그런 원인을 파괴해 버리려고 애쓸 사람일 것이다. 이런 강박적인 사고로 미칠 지경이 된 그는 자신의 절망적인 분노의 모호한 대상을 보다 더 잘 파괴하고, 또한 스스로 더욱 파괴되기 위해 그런 대상을 끊임없이 환기시키고 추적할 것이다.

그러나 엠페도클레스가 말했던 것처럼 "증오가 완료될 때 기원은 시작된다" 하더라도 여기서는 어떤 기원도, 어떤 창조에로의 접근도 예상할 수 없을 뿐만 아니라 생각할 수조차 없는 것처럼 보인다.

증오에 사로잡힌 사람은 이타성이라는 표현 자체를 배제하기에까지 이르면서, 타자를 제거해 버리고 싶게 만드는 혐오의 행위 속에 녹아 있는 것처럼 보인다. 이러한 증오는, 이 사람이 단지 자신과 비슷한 사람만을 좋아하기 위해 낯선 사람과 어울리기를 그치면서 점차 **사촌들**에 이어 **형제들**, 그리고 자신의 **아이들**을 싫어하고 자신의 이미지까지 잠기게 할 증오의 물결 속에 휩쓸려 버릴 정도로 자신을 삼켜 버리고 자신의 공간을 망가뜨리게 된다.

집단을 거치고, 총체성 속에서 사회 그 자체를 통과하면서 증오는 주체가 부딪히는 맹점인 것처럼 보인다. 또한 차이라는 기표로서의 증오는 순수의 이름으로, 증오에 사로잡힌 사람이 복종하는 끝없는 나르시스적 이미지에까지 이르는 분열과 이중화의 관계 속에서만 타자를 생각할 수 있는 원리에 자리잡는다.

이것은 사회 관계를 종양으로 만드는 것이 아닌가?

이것은 도시 속의 주체, 그리고 제도 속에 있는 정신분석가들의 소속 공간에 타격을 주는 원리 그 자체에 있는 맹점이 아닌가?

1

증오에 대하여

오늘날 증오에 대해서 어떻게 말하는가? 이러한 질문은 대뜸 과거에 나를 '쾌락의 원칙을 넘어서,' 열정적인 완고성, 우울한 잔혹성이라는 의문에 대해 조사해 보도록 이끌었던 연구의 논리적 연속성에서 나타난다. 이러한 이유로 나는 증오를 주체 자신과 타자의 관계를 설정하는 데 있어 문자 그대로 종양을 만들 수 있는, 주체의 생활 속에서 어떤 극단적인 단절의 실현으로 생각하는 경향이 있다. 목말라 하거나 배고파 할 수 있는 것처럼 오늘날 사람들은 **증오의 일부분**이 아니라 **증오를 갖는다**. 이런 증상이 장차 열정과 마찬가지로 충동에 속할 것인가?

이런 것들은 우선 증오가 파괴 행위와 혐오에 속하는 감정이라고 간주하면서 작업하기를 바라는 문제들이다. 그러나 이러한 파괴는 논리적 궁극성도 목적도 없다. 이러한 맹목적인 파괴는 정당함과 부당함, 선과 악을 나누는 테두리 · 한계 · 경계를 무너뜨린다. 즉 그것은 일종의 범람이다. "나는 단 한 사람을 증오한다." 그러나 이 '단 한 사람'은 명목상 **군대**[4]이다. "이 '단 한 사람'은 그를 인도하는 파괴 속에서 모든 공간을 차지하기 위해 테두리의 한계 그 자체를 넘어서, 수수께끼가 되어 버린, 그리고 확인 불가능한 이미지의 불투명한 어둠을 끊임없이 반영하는 거울

표면 전체를 차지하게 될 것이다.

조르주 구겐하임[5]은 증오라는 용어를 정의하면서, 먼저 '저주하다(détester)'와 '혐오하다(exécrer)'를 구별하는 고대 종교 언어와 대조해 본다. 그는 testis(증언)에서 파생된 라틴어 동사 'detestari'가 '신들을 증인으로 삼으면서 [어떤 위협이나 위험을] 피한다'는 것을 의미한다는 점을 상기시킨다. 거기에서 'détester'는 '주술을 씀으로써 피하고…… 저주하다'를 의미할 것이다. "따라서 '저주하다'는 사람들이나 사물이 불러일으킬 수 있는 공포감으로 확장된다. 그렇게 해서 이 용어는 'haïr(증오하다)'에 접근한다. 그러나 'détester'는 조금 약한 의미를 갖는 것 같다. 특히 어떤 증오도 느끼지 않지만 단지 흥미가 부족한 광경, 독서, 요리를 생각할 수 있다……." 그러나 "…… '증오하다'는 뉘앙스가 없는 동사다"라고 조르주 구겐하임은 덧붙인다. 결국 주체에게 필요 불가결할 때 이 용어는 언어의 모든 다른 단어를 지워 버린다. 타자의 유일한 시선이, 한계를 뛰어넘게 하는 이러한 파괴적인 정서를 유발하고 증오의 불길한 대상을 신이나 악마의 자리에 자리잡게 할 때는, 어떤 선악 이원론에 사로잡힌 가증스런 주체가 자신도 모르는 사이에 "어떻게 증오를 받는 이 사람이 감히 나를 바라볼 수 있는가?"라는 의문을 제기하기 때문이다. 이 사람이 **자아**, 즉 증오에 사로잡힌 이 **자아**에게 돌리는 시선이 무엇이든, 그는 절대적 거부의 메커니즘을 실행할 수 있을 뿐이라는 확신을 불러일으키는 질문.

이러한 질문에 대답하기 위해서, 우리는 세미나 《앙코르》[6]를 우회하는 것이 필요하다. 라캉은 우리에게 유익해 보이는 관점에서 증오의 문제를 밝혀 볼 수 있는 서로 연관된 두 가지 명제를 몇

페이지의 간격을 두고 서술하고 있다.

엠페도클레스에게 있어 신은 증오조차도 모를 정도로, 모든 존재들에 대해 전혀 알지 못한다는 것을 〈사랑의 편지〉[7]의 장에서 지적하면서, 라캉은 "그리스도교인들이 신의 무증오(non-haine)를 사랑의 표시로 변형시켰다. 우리가 분석을 통해 증오 없는 사랑을 전혀 모른다는 사실을 상기하게 된 것은 바로 거기서이다"라고 단언한다.

이것은 라캉이 '그처럼 부분적으로 증오를 유발하는 존재'라는 말을 덧붙이지 않았다면 매우 진부해 보였을 성찰이다. 그는 이 경우에 '어머니의 욕망 대상[으로서의] 존재'와 끊임없이 관련되는 것처럼 보이는 것에 대하여 우리가 느끼는 증오를 언급하는가?

라캉은 혐오스러운 것이 아니라 주체에 있어 증오를 유발할 수 있는 어떤 존재에 대해 말하는가? 그것은 최초의 타자(어머니)의 전적인 욕망 대상으로 나타나는 것인가? 특히 라캉이 다음과 같이 상기시키면서, 이 질문에 대해 매우 의미심장하게 꼬아 놓은 듯하다는 측면에서 생각해 보면 분명 그렇다. 유대교에서 "단절은 최상의 완벽에서 최하의 완벽으로 변하지 않는다. 최하의 완벽은 거기에서 아주 단순하게 있는 그대로의 것, 즉 근본적으로 불완전하다. 야훼의 이름과 더불어 몇몇 다른 이름들을 가진 존재의 손짓과 눈짓에 엄격히 복종하기만 하면 된다. 야훼는 자신의 백성을 선택했기 때문에 그들을 배반해서는 안 된다. 경우에 따라 자신의 백성을 배반하는 **증오하는-존재**보다는 훨씬 나으며, 분명 유대인들이 버림받지 않았던 존재라는 것이 거기에서 드러나지 않는가? 그들은 달리 거기서 벗어날 수 없었다.

우리는 이러한 증오의 주체에게 너무나 짓눌려 있어서 어느 누구도 하나의 증오, 확고한 증오 이외에는 느끼지 못한다. 그것은 그 존재, 반드시 신은 아닌 누구라는 존재와 관련된다."

다시 그 명제로 돌아오면, 우리는 주체에게 있어 사랑이 '반드시 신은 아닌 존재'라는 문제의 유입으로 얼마나 피해를 입는지 추정할 수 있다. 이처럼 "자신을 신과 혼동하는 것, 다시 말해 자신이 즐기는 것"[8]에 대한 욕망을 **여성에게 제공하려는** 터무니없는 야심에 차 있는 사람은 이차적인 시간, 그가 여성의 향락 앞에서 소스라치게 놀라 뒤로 물러서는 그 시간에, 덜 사랑한다는 위험을 무릅쓰고 가면을 썼던 그 **존재**를 과소 평가할 수 있다.

나는 이 총체적 사랑·증오의 존재에 제3의 요소, 즉 지식을 덧붙인다. "내가 지식이 있다고 가정하는 사람, 나는 그 사람을 사랑한다. 방금 당신은 내가 어떤 의미나 또 다른 의미, 사랑 쪽이거나 증오라고 불리는 쪽으로 빠지는 데 갈피를 잡지 못하고, 망설이고, 주저하는 것을 보았다. 그때 나는 간절하게 나의 평판을 나쁘게 하기 위해 신랄하게 쓰여진 책을 읽는 데 참여하도록 당신을 초대했다. 그것은 요컨대 경제적인 효용성에 관해서만 말하고, 다른 어떤 것도 목표로 삼지 않는 누군가가 머뭇거릴 수 있는 어떤 것 앞에 서 있는 것은 분명 아니다. 그것은 그 신랄함이 다른 사람들에게는 견딜 수 있는 것처럼 보이는 거기서, 정확히 내 지식의 탈가정(dé-supposition)에 속하는 것이다. 만일 내가 그들이 나를 증오한다고 말했다면, 그것은 그들이 나에게서 지식이 있다고 가정하지 않는다는 것이다."[9]

이 점에 있어 라캉은 "내가 지식을 제공하는 사람, 나는 그 사람을 사랑한다"라고 말하지 않으며, '내가 지식을 가진 것으로 인정하는 사람'이라고도 말하지 않고, 하물며 '알고 있는 사람'이라고 말하지 않는다는 사실을 주목하자. 그는 안다고 가정된 주체(sujet-supposé-savoir)라는 용어 주변에서 라캉적 논의의 논리 자체 속에 다시 놓여져야 할 '가정된' 자와 바로 관련이 있다는 것을 강조한다. 이 안다고 가정된 주체는 분석가에 의해 구현될 수 없다. 그것은 분석의 최초 요구가 표명되자마자, 분석자와 분석가[10]에게 어떤 방심한 부분으로 형성될 것이다. 그것은 귀로 듣고 입으로 진술함으로써 가정된 지식을 포함하는 논의가 가득 채워지게 되는 것으로부터 어떤 장소에서 형성될 것이다. 누군가를 자신의 지식으로부터 탈가정하는 것은 이번에는 진술할 수 있고 청취할 수 있는 말을 위한 출발점과 같을 장소의 수신자, 담화의 수신자인 제3의 장소에서 그 지식을 끊임없이 형성하는 것인가?

이러한 명제는, 우리 생각으로는 유대인들의 증오하는-존재에 관한 라캉의 명제를 밝혀 준다. 소위 성서의 이야기가 '배반'과 '증오하는-존재'의 긴 역사임은 틀림없다. 결국 유대인들은 자신들을 근본적으로 불완전한 존재로 만드는, 절대적으로 초월적인[11] 이 신을 증오하는 것 외에는 달리 선택이 없지 않았는가? 어떤 공통점도, 어떤 구현도 이러한 공통 장소의 부재를 완화시킬 수는 없었다.

그리스도교인이 현현함으로써 다른 사람들의 증오를 스스로 떠맡은 고명한 신을 자신의 뜻에 맞추어 갖고, 또한 이 신이 찬양받는다면, 그것은 그 존재가 '전적인 사랑'이라는 것이다. 또한 소위 '증오의 대상'이라는 이런 부분을 딴 곳으로 돌리기도 하고, 동시에 삼위일체의 신의 구조 속에 그것을 포함시키기도

하면서, 그리스도교인은 자신이 그 실존을 부정하는 경향이 있는 이런 정서——증오——에 대해서는 무지의 편견을 드러낼 것이다. 현현하면서, 그리고 자신의 아들——자신의 완전한 사랑의 바탕에서 나온 부분——을 인류를, 특히 증오로부터 인류를 구원하기 위해 보내면서, 그 신은 지고한 사랑을 보여 준, 신성을 몹시 좋아한다는 구실로 증오와는 무관한 것으로 간주될 것이다. 그러나 영속하기 위해서, 그리스도교의 백성은 자신의 사랑의 신을 믿지 못하는 사람들을 향해 밀려나 있는 증오, 떠도는 증오를 보여 주어야 할 것이다. 또한 때때로 모든 이교도들과 분파들——증오가 없는, 거의 사랑을 가진——을 죽여야 할 것이다. 왜냐하면 신은 항상 그들을 알아볼 것이기 때문이다.

그러나 스스로 그리스도 앞에서는 항상 불완전하다고 느끼는 그리스도교인들은 유대인들이 접근할 수 없는 구원을 마음대로 이용한다. 그들은 그리스도와 동일시할 수 있다. 이러한 동일시는 단지 주술에 속할 수도 있을 것이다. 그런데 그럴 수가 없다. 동일시는 하나의 정확한 의례, 성체배령의 의식에서 그 일관성을 끌어낸다. 삼위일체의 두번째 인칭과 그리스도교인의 동일시는 본원적이고 상징적인 동일시, 소위 그리스도교의 충실한 신자가 성자를 위하여 바꿔 놓게 될 성부의 합일을 통한 동일시에서 생겨난다.[12] 이러한 동일시의 형태는 역시 삶과 죽음의 연결 지점 그 자체에 놓인 인간을 초월한 사랑의 원리에 속함이 틀림없다.[13] 이러한 형태는 합일을 통한 동일시에 몸을 내맡기는 사람과 단순히 동일시하는 이러저러한 사람 사이의 본질적인 불균형을 유지함으로써 신성과는 비교할 수 없을 정도로 가깝게 받아들여진다.

사랑과 지식의 연결은 이 경우에——하나의 공동 장소——구세주 그리스도의 고통받는 육체로 나타난다. 알비 종파[14]와 사라센인들에 대해 십자군이 행한 약탈과 대량 학살 이후에, 이 구세주 그리스도는 **존재의 모사**(semblant d'être)의 위치에 놓이게 되었을 것이다. 성자는 사랑이 소모될, 어떤 도달할 수 없는 욕망의 **목표**[15]와 같을 것이다. 결국 지식은 최초의 창설적인 죽음, 애도——사랑의 창설적인 시간으로서 애도——라는 기표의 등록을 가정한다. 그래서 라캉의 표현에 따르면, '십자가에 못 박힌 성자'의 이미지화는 사랑 속에 이러한 결점을 표출하는 하나의 방법일 것이고, 이러한 결점은 그리스도교의 세계에서는 끊임없이 스캔들로 간주된 **증오**라는 기표의 윤곽을 드러낸다.

반면에 유대인은 '다소 완전한 것'이 아니라, 어떤 경우에도 동일시될 수 없는 신의 완벽과 마주하여서는 항상 불완전하다. 사랑과 지식의 기초인 어떤 장소를 건설하듯이, 창조 행위로써 유대인의 신비신학을 이론화했던 터무니없는 상황, 그러나 그것은 역시 알 수 없는 채로 남아 있는, 다시 말해 인간 지식의 범위를 벗어나 있는 신성이 나타낼 절대적 완벽성 · 총체성을 잘라낸 대가이다.[16] 그 이후에 이러한 **증오하는-존재**를 이용하면서가 아니면 어떻게 초월 속의 이 완벽함에 도달할 수 있는가? 신의 분노가 존재할 수 있도록 만드는 '증오하다'라는 바로 그곳에 이 존재의 모사——문자 그대로 욕망의 원인이 된——의 도입은 다음과 같은 예상 밖의 결과를 가져왔다. 무시무시한 이러한 분노의 표명은 신학자들에게는 분노의 존재 증거 자체로 보여지게 되고, 또한 증오와 신자의 배신에 대해 분노로 응수하는 것은 역설적으로 위안을 준다. 즉 신은 결국 분노를 통해서나 자신이 선택했던 백성의 생존의 결정적인 순간에 분노하지 않음으로써 하나의 존재로 자신의 모습을 드러낸다.

신을 난폭함 속에 머물러 있게 하고, 그를 배반함으로써(또는 그를 증오함으로써) 신에게 견고성을 부여하는 것, 이것이 유대인들이 그들에게 있어 신은 역사에서 물러났다고 결정하기에 이르기까지 내내 그들의 삶을 지탱했던 내기이다.[17]

이와 동일한 전통에 따라, 신이 선택했던 백성 가운데서 신의 실재적인 현존은 여호와의 신전 안에서 화려하게 이미지화되었다. 이 신전은 처음에는 죄와 인습과 유대인들에 의한 이방의 신들과의 교류 때문에 파괴되었고, 이어서 두번째로 파괴되었다. 그래서 '우상 숭배'는 사실상 유대인들에게서 사라졌고, 유대교 신학교가 번성했다. 신학자들은 이러한 파괴의 원리에 속했던 것이 무엇인지 아는 문제——그리스도력의 2세기부터——를 제기했다. 다음과 같은 가설이 필요해졌다. 그것은 서로 다른 탈무드학파 사이에서, 그리고 두번째 지성소를 파괴했을 각 학파들 사이의 내부에서 지배하는 엄청난 무상의 증오(sinaat hinam)일 것이다.

'무상'이라는 용어가 우리의 주의를 끈다. 이 용어는 무상이지 않을 증오가 존재할 것이고, 무상의 증오가 수신자를 혼동한다는 것을 생각하게 할 것이다. 무상의 증오는 우리가 우리 자신처럼 사랑하는 것으로 여기는 이웃, 즉 라캉이 **사물 자체**(Chose)[18]와 대조했고, 우리가 프로이트 이래로 알고 있듯이 조금도 사랑스럽지 않은 이웃과 관계 있다.

또한 우리는 달콤하고도 쓰라린 환상 속에서 유대인들이 그들의 열광 때문에 벌을 받았고, 절대적 **초월자**를 증오하기보다는 서로 증오했기 때문에 벌받았다는 가설을 내세울 수 있다.

이러한 전제들을 토대로 삼아 우리는 불가능한 동일시/증오, 지식/사랑, 방심한 부분/공동 장소의 부재라는 짝들이 정신분석의 이론 속에서 **증오**의 개념을 알아보도록 하는 하나의 집합을 구성하는 가설을 공식화할 수 있다.

결국 정서로서 증오가 주체에게서 소유의 모든 의미를 상실하게 한다는 것을 인정한다면, 하나의 대상(욕망의 원인)은 **증오를 가진** 사람을 쫓아가는가? 이러한 대상은 존재의 모사인가? 증오는 동일시가 확인 불가능해지는 곳에서 욕망을 불러일으키는 시도가 아닌가? 달리 말하면, 사랑이 사회적 관계에서 발생하는 감정 관계라면, 증오와 그 증오가 사회 속에 도입하는 분열은 무엇과 관련 있는가?

현재 우리가 끊임없이 직면하는 문제——증오가 사랑과 동일한 자격으로 관계를 형성하는가?——는 이 때문이다. 카소비츠가 연출한 이러한 정서의 상징적인 장소들, 예를 들면 **사람들이 증오를 갖는** 장소들이 된 외딴 교외('또는 보다 문명화된 다른 장소')에서 '경관들,' 버스 운전사들, 교사들에 대한 이러한 증오가 관계들을 참조한 결과가 되는가?[19] 예를 들어 계급의 증오[20]를 통해 살아가는 것이 필요하다고 말했던 것처럼, 이러한 '증오를 갖는다'라는 것을 강요할 어떤 정치가 있는가? 나로서는 다음과 같은 가설을 내세울 것이다. 사회 생활을 책임질 수 있는 단체들과 정치의 공백은 증오와 국수주의, 그리고 실제적이든 추정된 것이든 어떤 모욕에 대한 응수로 나타나는 원한의 이데올로기[21]를 불러일으킨다.[22]

게다가 무엇이 정신분석가의 증오와 관련 있는가? 라캉은 엠페도클레스의 자살 행위 속에서 '순수 욕망'[23]을, 나로서는 분석가에게보다는 분석가가 되는 분석자 쪽에 놓을 욕망을 본다. 그런데 설령 일시적인 것이라 하더라도 라캉이 숙고하면서, '증오가 완료될 때 기원은 시작된다'라는 엠페도클레스의 명제를 자신이 떠안았을 때 최상의 행위의 표현으로서 이러한 순수 욕망은 우리를 어떤 논리적 어려움에 직면하게 한다.

증오는 정신분석중에, 다시 말해 전이 가운데 어디에서 완료될 수 있는가? 이러한 증오가 공식화될 공간이 있는가? 증오를 사랑의 이면으로 다루는 것은 만족스럽지 못하며, 더욱이 별 가치가 없는 납이 순금으로 변하는 것처럼 실망한 사랑의 변모로 보는 것도 또한 만족스럽지 못하다. 내게는 "내가 지식을 가졌다고 가정하는 사람, 나는 그를 사랑한다"라는 전이 관계의 토대인 라캉의 공식으로 되돌아가는 것이 필요한 것처럼 보이기 때문이다. 그것은 정신분석적 상황에 필요한 가장 평범하고 흔한 가설이다. 전이가 있는 곳에 사랑이 있다.

임상의학은 다음과 같은 두번째 가설을 공식화하도록 만든다. 말이 끊임없이 공전(空轉)함으로써 전이의 중단, 가정된 지식의 중단, 무관심이나 무기력이 수반된 탈주체화의 어떤 형태가 나타나게 될 치료의 공간 속에 있을 상황들이 있을 것이다. 진실의 위치에 있는 지식이 어떤 가림을 아는 시간.[24] 그때는 분석자의 향락이 진실의——또는 진실의 위치에 있는 지식의——법칙에 의해 결정되지 않는 때이고, 바로 지식 부재의 향락일 뿐이기 위해 어떤 한계이기를 그치고 그 한계를 더 이상 이용하지 않는 때이다.

증오는 무지의 향락이거나 무지의 열정인가? 아니면 대타자에게 묻기를 거부하는 것인가? 이런 질문들은 증오 속에서, 자기 자신의 육체를 욕망의 최종 원인으로 여기는 존재인 바보의 향락 이외에는 어떤 다른 것에도 이르지 않는 박탈과 관련된다는 것을 확신하도록 우리에게 허용할 그런 문제들과 같다.

끝으로 분석자가 자신의 분석가에게 지식을 제공하기를 그치는 세번째 가설이 필요하다. 분석자는 놀이에서 물러나지 않고 자신의 정신분석을 방해하지 않는다. 그러나 그는 살해에서 벗어나 있을 **사물 자체**의 이러한 부분을 겨냥하면서 이때까지 명명할 수 없었던 증오를 마침내 경험하려 한다. 우리는 사랑의 감정을 느낄 때마다 증오에 사로잡혀 있는 이러한 분석자들에게서 그 살해를 본다. 그래서 그들은 분석가에게서 안다고 가정된 주체, 따라서 그들이 '사랑할' 수 있을 주체의 부분을 도로 빼앗을 것이다. 그후로 그들의 담론은 내가 다음과 같은 용어로 공식화할 명제와 관련된다. **내가 더 이상 지식이 있다고 가정하지 않는 사람, 내가 다른 곳을 사랑하지 않을 수 없었기 때문에 나는 그를 증오한다.**

이 명제는 전이의 장에서 증오의 분출이 제기하는 임상적인 문제를 밝혀 준다. 이러한 정서는 순전히 사랑의 이면일 수는 없을 것이다.

결론으로 나는 구겐하임이 증오에 대해 썼던 글을 상기해 본다. "증오의 감정은 라틴어로 명사는 odium, 동사는 odisse로 표현되었다. 이 동사는 완료 시제에서만 존재하는 특성을 갖는다. 그러나 이 동사는 부정사 odire로 만듦으로써 현재 시제로 복원되었다 하더라도 존속하기가 힘들었을 것인데, 왜냐하면 audire (듣다) 동사와 혼동되었을 것이기 때문이다. 둘 다 모두 ouïr로 귀착되었을 것이고, 이것은 정말 너무 무거운 의미 과잉으로 짓눌

렸을 것이다. 라틴어 odium의 모든 어족 중에 유일하게 형용사 odiosus만이 존속했다. 이것은 14세기에 odieux 형태로 차용되었다."[25]

odire(증오하다)로 audire(듣다)에 과도한 짐을 지우는 것은, 분석자의 '**나는 증오한다**(j'ouïs)'가 분석가에게 신성을 본떠 눈이 멀고 귀가 먹고 벙어리가 되라고 요구하는 곳에서 결국 공포를 **불러일으키는** 것과 같을 것이다. 그런데 그것은 스스로 신으로 생각하는 데 만족하지 않는 각자가 단 한 가지 고백하기 어려운 두려움, 즉 동료의 말을 듣는 두려움, 어떤 신처럼 자기 자신의 증오를 가리키는 것에만 몰두하는 우리의 분석 제도 속에서 통용되는 것이 아닌가?

달리 말하면, 어떤 유일자가 모두의 이름으로 유일하게 한 가지 말, 즉 자기 자신의 말만을 듣는 것으로 간주되는 동료들이 필요한 사랑의 이름으로 말할 때, 증오하지 않고 지낼 수 있는 제도가 존재할 수 있는가? 따라서 결정적으로 그 어떤 지식의 탈가정된 **모든 타자**들에 대해 꺼지지 않는 증오에 사로잡힌 성인(聖人)들의 집단이나 신들의 집회를 구성하려는 유혹은 엄청날 것이다.

2

증오는 사실적이다

지식의 탈가정으로서, 대상의 파괴 목적으로서 증오에 관한 최초의 이중적 문제 제기로 돌아가자. 증오는 대상을 파괴하는 경향이 있는데, 그 대상은 욕망의 원인이고 또한 최초의 고통이기도 하다.

내 생각으로는 증오는 끊임없이 잉여의 세계에서 벗어나고, 시체화된 타자를 파괴하는 데 목표를 두고 있는 것을 나타낸다. 이러한 정서에 지배된 존재는 '이드'——자신의 인격에 있어 일종의 모욕인 불결함——의 세계를 필사적으로 벗어나려고 한다. 그러나 단지 자기 생존 자체의 찌꺼기 상태로 환원된 것을 지각하기를 바라는 타자의 재현은 아니라 하더라도 이 불결함은 무엇인가? 증오에 사로잡힌 사람은 선(善)의, 특성의 전달자로 나타난다. 우리는 지칠 줄 모르는 증오로 생기를 얻고, 끊임없이 악과 우아하지 못하고 부정확하며 대략적인 것의 격렬한 비판자임을 자임하는 태도를 취하는 모든 사람들을 안다. 그들 가운데 분석가라고 주장하는 몇몇 사람들이 주체의 담론의 특성 그 자체인 부지(不知)의 차원을 어떻게 이해할 수 있는가? 최상은 아니라도 타자들에 대해서와 마찬가지로 그들 자신에 대해 진지한 그들은, 에릭 폰 슈트로하임이 그 화신이었던 프로이센 장교들의 복제물처럼 보인다.[26] 그들은 치료 속에 지나친 엄격성을 도입하고, 그들이 선의 최고 법에 있어 위반자로 간주하는 사람들과의 모든 만남이 그들에게는 위험스러워진다는 측면에서 그들을 약화시키는 미덕을 도입한다. 이러한 극단적인 엄격성은 필사적으로 완벽을 목표로 하고, 타자의 **인격** 속에서 증오에 모든 자리를 차지하도록 허용할 이 완벽한 신성을 만나기를 기다린다. 그러나 약점이 되는 증오 속에 있는 사람, 예를 들어 교육자가 될 수 없는 그런 측면은 그가 어느 누구도 완전해질 수 없다고 생각하는 것이다. 그는 어느 누구도 완전해질 수 있다고 **상상**할 수 없다. 그는 **완벽한** 유일자이고, 타자들은 잘하면 무시하거나(그들에게 야유를 퍼부으면서) 최악의 경우에는 제거해야 하는 찌꺼기들이다.

이러한 증오의 형태는 은둔자의 증오이다. 이 증오는 탈주체화와 선의 사상에 지배된 존재나 쾌락의 규칙이 아니라 향락의 규칙에 따를 수 있는 존재의 모델에서 '복제된' 수많은 개인들의 구성을 지향한다. 그것이 주체의 특성이라고 나를 반박할 수 있을 것이다. 아마 그럴지도 모르고…… 바로 거기에 어려움이 있다. 흔히 말하는 것과는 달리, 증오는 상상계(그것은 오히려 외국인 혐오증, 다시 말해 가장 사소한, 차이의 거부인 경우에 해당한다)에 속하지 않는다. 증오는 상징계, 즉 상상계와 뒤섞인 어떤 상징계와 관련된다.[27] 그렇기 때문에 타자는 존재하지 않고 투명하며, 그 타자가 나타나는 바로 그 장소에 부재한다. 그래서 상징계와 실재계만이 하나같이 타자를 찌꺼기로 변형시키려고 한다. 증오는 이러한 찌꺼기가 풍경을 망치는 것을 묵인할 수 없을 것이다. 또한 이 찌꺼기는 청결과 강한 대조, 흑과 백의 제국이 영원히 군림하기 위해 제거될 것이다.

"제국주의는 종이 호랑이다"라는 마오쩌둥주의의 낡은 슬로건을 기억하자. 증오에 사로잡힌 사람은 호랑이의 사진이 재현되어 있는 종이, 바로 그곳에서 증오스런 공포증의 비상을 느낄 수 있을 것이다. 호랑이 사진을 보든, 호랑이들에 관한 작품이나 호랑이들에 관한 텍스트를 출판하는 출판사 이름 또는 이러한 책들이 인쇄된 용지의 상표를 언뜻 보든, 즉시 그는 공포증에 일어나는 것과 유사한 변화 속에서, 공포에 의해 유발되고, 증오를 통해 나타나는 어떤 정서에 사로잡혀 있게 된다.

다음과 같이 증오의 기초를 이루는 담론 위에 잠시 머물자.

—— 이 호랑이들은 아무런 힘도 없고, 우리는 그들을 경멸할 것이다.

—— 그들은 단지 종이로만 되어 있어 우리의 초보적인 무기로도 제압될 수 있을 것이다.

—— 그럼에도 불구하고 그들은 호랑이들만큼이나 유해하다.

—— 게다가 그들은 진짜 호랑이들만큼 피해를 준다.

—— 따라서 그들에 대한 유일한 우리의 증오감은 우리의 투쟁을 지속시킬 수 있을 것이다.

이러한 집단 증오에 대한 풍자는 투사들의 세대에게 있어서는 어떤 미덕을 형성했는데, 싸움을 해야만 했던 이 투사들 세대는 이런 전투 속에서 그들과 동행하고 그들을 지원할 수 있는 감정을 필요로 하지 않을 수 없었다.

최근 10년간의 유럽 역사에서 빌려 온 두 가지 예는 우리의 주의를 끈다. 나는 적군파(소위 바더-마인호프 집단)와 이탈리아 붉은 여단(또는 그것의 풍자였던 프랑스 자치 기구들)과 같은 테러 운동을 말하고 싶다. 이 양자의 경우에는, 오래고도 격렬한 증오의 어떤 것이 이런 행동의 원칙에 존재하는 듯하다. 끝나지 않는 증오의 순환이 문제였다고 생각할 수 있는가? 일반적으로 파시스트의 선조나 위선적인 사회에 대해 격렬함과 동시에 조용한 어떤 감정이 일반적으로 이런 증오의 원리에 있다고 생각하려 한다면 분명 그럴 것이다. 이러한 감정들은 악화된 만큼 더욱더 위장된 죄의식, 적절하고도 올바른 사유를 통해 요구된 죄의식 속에 놓여 있고, 이러한 죄의식 주변에서 차후에 '영혼의 운동,' 정서의 운동 이외에는 더 이상 만들어 내지 않을 정치 사상의 공백의 핵심이 형성된다. 그래서 증오는 그 대상을 찾아서 논증의 맥락 그 자체의 중단에 의해 남겨진 여백과 구멍을 메우게 될 것이다.

붉은 여단과 적군파는 경멸의 교육——쥘 이작크의 용어에 따르면——이 거의 20세기에 이르는 동안 추진해 온 이러한 증오의 아득한 형태를 반제국주의의 증오와 대체하면서, 앞선 세대와 동일한 증오의 대상을 마침내 되찾은 듯하다. 모든 증오는 차이에 대한 증오이다. 이 증오는 항상 외견상 정당화된다. 증오는 양식의 범주에 호소하고, 늙은 악마들에게서 양분을 취하지 않는다면 우스꽝스럽게 될 초시간성에 호소한다.[28]

주관적 측면에서 볼 때, 증오는 차이가 당혹스런 대상으로 될 때 나타난다. 그때 지식은 중단된 것 같은데, 왜냐하면 '사람들'은 이러한 차이뿐만 아니라 이런 차이가 긴장의 전달자라는 사실을 더 이상 생각할 수 없기 때문이다. 우리가 다음의 라캉의 세미나, 〈소타자에서 대타자까지〉[29]에서 읽는 것은 이와 같다: "[……] 역사 속에서 정신분석이 의미하는 바를 제시해야 하고, 또한 어떤 선택들이 정신분석에 제공되었다면, 그것은 공동체의 차원에서 지식과 향락의 관계가 고대에 그럴 수 있었던 것과 동일하지 않으며, 분명히 우리가 우리의 입장을 에피쿠로스파 학자들——어떻게 보면 그들에게 있어서는 때묻지 않은 방식으로 가능했던 향락에 비추어 보아 어떤 후퇴의 입장이었던 학파——의 입장에 근접시킬 수 있다고 생각할 수 없는 것과 동일하지 않은 시간 속에 살고 있다는 것이다. [그러나] 순수한 측면에서 말하자면, 우리가 자본주의라고 부르는 것을 이용함으로써 어떤 입장이 우리 모두를 특유한 방식의 향락의 관계 속에 포함시키는 시간 속에서 [……] 사람들이 노동자의 착취라 부르는 것은 향락이 노동에서 배제되었던 바로 그 점 속에 정확히 존재한다 [……]. 전례 없이 혁명이라는 단어가 인용하는 고대의 문맥 속에서 새로운 의미를 암시하는, 이런 종류의 아포레마가 생겨나는 것은 바로 거기서이다. 그리고 마르크스가 훌륭하게 관찰했던 것처럼, 이 용어가 존재한다는 것을 상기하기 위해 우리의 의견을 말해야 하는 것은 바로 그 점에 있어서이고, 이 용어가 현재까지 유효했던 유일한 것, 즉 이 용어를 지니고 있는 체계 그 자체와 더불어 혁명이라 불리고, 자본주의 체계인 이 용어의 긴밀한 연대성을 연결하는 것도 바로 그 점에서이다."

만일 혁명이 투사들의 잘못이 아니라 그것이 무의미해진다면, 다시 말해 혁명을 생각할 수 없거나 그것이 불가능해져서 완전히 부재하거나 혁명이라는 용어 그 자체가 거짓이나 배반 속에 말려든다면, 그때 증오는 욕망 부재의 표현으로 대체된다.[30]

좀더 대담한 가설이 우리에게 필요하다. 증오에 사로잡힌 사람은 히스테리 환자처럼 "다른 어떤 것도 아닌 자신의 욕망의 원인 대상과 엄밀하게 동일시되려는"[31] 시도까지 하면서, 라캉이 향락의 극단적인 용어로 지칭하게 될 향락의 무한대에 이르는 이 지점으로 나아간다.

히스테리로부터 증오 속에서 만날 수 있는 것을 밝혀 주는 이러한 명제는, 우리에게 자신의 내면에 이러한 정서를 지니는 존재가 타자의, 완전히 알고 있는 그리고 모든 지식을 탈가정하는 것이 절박해진 아주 강력한 어떤 타자의 현존을 해석해야 할 필요성에 계속 예속된다는 점을 확신하도록 해준다.

또한 증오한다는 것은, 그것이 상징계에 기반을 두고 있다는 점에서, 타자와 동일해지는 긴장이라는 순수하고 단순한 사색에 속하는 어떤 절망적인 동등의 형태라는 이름으로 차이·대조·유희를 보다 잘 폐지시키기 위해, 정확히 타자의 자리를 차지하려고 시도하기 위해, 결국 사회 관계와 단절되는 것과 같다.

이처럼 우리는 조금씩, 증오가 끊임없이 대타자가 아니라 **일자**를 재구성하려 한다는 지점에 이른다. "[……] 이 일자는 [……] 대타자가 형성되는 자리, [……] 도시 위에 그들을 토해 내게 내버려두는 대신에 반대 의미로 작용하게 될, 즉 매번 자신의 뱃속에 새로운 통일성을 삼켜 버릴 트로이의 목마에 비유된 대타자의 장소로부터 온다[……]. 결국 최초의 일자의 이러한 진입이 이루어지는 것은 이와 같다[……]."[32]

그런데 증오 속에서 **일자**는 대타자를 폐기할 것이다. 비연속적인 일자의 구성 작용만이 중요할 것이다. 동시에 대타자로서 타자의 모든 표시는 주체의 위험스러움을 나타낸다. 증오는 완전히 증오스러운 대타자를 구성하기 위해 비연속적인 일자를 무한대의 광 속에 가두려고 애쓸 것이다……. 텅 빈 총체 대신에 일자가 소멸하기 쉬운 것으로 구현될 위험을 무릅씀에 따라 그 결과가 폭발이 되는 강박적인 아포레마.

또한 우리는 라캉이 "주인은 노예의 곁에서 주체로서 견딘다 [……]. 노예가 죽는다면 아무것도 존재하지 않는다. 주인이 죽으면 각자는 노예가 항상 노예라는 것을 안다. 노예의 기억에 남아 있는 한, 그것은 노예 상태에 있는 어느 누구를 해방시켰던 주인의 죽음이 결코 아니다[……]. 이처럼 정신적 삶의 제1열에서 나왔다는 사실이 까닭 없는 일이 아닌 한 공식을 사용하기 위해, 노예의 육체는 **시체와 같다** [……]"[33]라는 점을 암시할 때 그에 의해 수정된 헤겔의 주인과 노예의 변증법과 마주한다. 로욜라의 학설에서 차용한 이 라틴 공식은 예수회교도들이 교황에 의해 구현된 권력, 교회에 바치는 그들의 맹목적인 복종과 절대적 수동성으로부터 그들의 비길 데 없는 권능을 끌어온다는 점을 우리에게 상기시킨다. 증오는 이러한 변증법의 직접적인 산물이지만, 실재계가 지배하는 진전 과정 속에서이다. 즉 그것은 주인도 아니고 노예도 아니고, 항상 사형 선고를 받은 주인을 쉽사리 만들어 내는 **유일자**——분화되지 않은 수많은 존재들의 일원——이다. 자기 증오가 타자와의 관계의 극단적인 형태로서 자살——자기 자신의 자살이고, 타자의 자살——을 추진할 때, 자기 증오는 더욱 변증법화하기가 불가능해진다. 증오에 사로잡힌 사람에게 자신이 도달하지 못한 노예의 위치에 두기를 바랐을 여타의 사람들과 마찬가지로 자신의 삶을 향유하지 못하게 막는 자살에 의해 죽음을 내기에서 벗어나게 만드는 타자와 같은 방식.

자기에 대한 자기의, 모든 타자들에 대한 자기의 사투는 결국 주체가 **결코 대타자가 아니**라는 사실을 기술하려고 언제나 애쓰게 된다. **증오를 가진** 사람은 언제나 그가 터무니없이 그 자리를 차지하려고 시도하는 신격화된, 이 전지전능한 대타자의 이름하에 부인으로 주체의 분열, 자신의 분열을 조장하려 한다.

결국 주체가 말을 하는 한 자신의 분열과 이 내적 대타자 구현의 불가능성을 나타내는 주관적 진실을 진술한다는 점을 인정하고 싶다면, 우리는 나의 증오가 이러한 열정에 사로잡힌 사람의 영역을 완전히 점유한다는 것을 이해할 수 있다. 확실히 이 사람은, 비록 그가 불가능한 주체적 공식화에는 구조적으로 도달하지 못한 채 그것을 재결합하려 시도한다 하더라도, "나는 나인 것이다(Je suis ce que Je est)"[34]라는 공식화에 항상 부딪히는 나와 마주한다.

존재와 동일시하는 것, 존재와 주체가 혼동되는 그 신성과 동일시하는 것, 이것이 이러한 정서가 인도하는 궁지이다. 그러한 정서에 사로잡혀 있는 사람은 항상 동일자를 찾거나, 그가 불러일으키는 증오 때문에는 아니라도 절대적으로 초월한, 도달할 수 없는 타자를 찾을 것이다. 또한 우리는 정신분석중에 증오의 침입 때문에 분석자가 자신의 말의 수신자를 더 이상 찾지 못할 때, 그가 적당한 자리에 놓는 대변자처럼 분석가에 의해 감지될 수 있어야 한다는 가설을 제시할 수 있다. 자신의 주소지의 가림에 대한 응수이고, 지식의 탈가정의 감춰진 얼굴인 증오는, 주체가 무서운 대타자의 번쩍이는 싸구려 옷만을 차려입은 채 가려지는 곳에서 그 주체를 불러일으키려고 한다.

정신분석중에 종종 주체를 침범할 수 있는 증오는 역설적으로 분석자에게 분석가를 만나게 하고, 하나의 틀을 다시 짜도록 허용하는 지름길을 구현할 수 있다. 이런 이유로 증오는 요구 재개(再開)의 시도로서 인정되고 존중되고 이해되어야 한다. 확실히 증오 속에서, 요구──항상 사랑의 요구인──와 환상──자신의 욕망 대상과의 관계 속에 주체를 포함시키는——은 혼동되는 듯하다. 이러한 혼동으로 탈주체화와 이후에 증오에 유일하게 봉사한 언어의 파괴가 남게 된다.

환상적인 활동의 바로 그 중심부에 주체가 도달하는 것과, 그 주체가 악마로 만드는 타자를 이해하기가 불가능한 것은 우리에게 다음과 같은 명제를 진술하도록 한다. **증오 이외에는 더 이상 아무것도 사실적이지 않다.** 왜냐하면 **증오를 가진** 사람은 끊임없이 대상과 자신의 이미지를 혼동하려 했던 것처럼 보이기 때문이다.

이러한 **저능함**은——이 용어의 거의 정신병적인 의미에서——그를 하나의 파이프를 표현하고 있는 그림을 마주 보고 "이것은 하나의 파이프다"라고 말하도록 이끈다.[35] 그리고 그가 올바른 정치 세계 속에서 꽃피우는 금연 단체들 중의 하나에 참석하기만 하면, 그는 자신이 극단적인 전형이라고 주장하는 선의 이름으로 이 걸작품을 파괴할 수 있을 것이다. 그 극단에서 우리는 신경증이 멈추고 도착증이 시작되는 지점에 도달한다.

3

남근의 증오, 또는 증오는 자연적이다

증오가 어떤 점에서 전적으로 사실적일 수 있는가를 파악하기 위해서, 우리에게는 몇몇 동성애자들이 남근에 대해서 느끼는 ——종종 아주 놀랍게도——증오를 환기시킴으로써 임상을 우회할 필요가 있다.

역설은 허울에 불과하다. 그것을 이해하기 위해 우리는 다시 한 번 두 세미나, 즉 〈불안〉(1963년 5월 8일부터 6월 5일까지의 회의)과 《앙코르》(은유화된 방식으로 1963년에 전개된 논의를 공식화한 것)에서 발췌한 라캉의 논문들에 도움을 구할 것이다.

1963년 5월 8일, 라캉은 음경의 포피(包皮)의 문제로부터 출발하는데, 그것을 잃어버린 대상과 대상 *a*——욕망의 원인—— 에 연결한다. 그는 모든 히브리인들 또는 히브리 텍스트에 친밀한 사람들이 알고 있는 바를 상기시킨다. 즉 할례를 받지 않은 자('*arel*)라는 용어는 단지 남자의 페니스에만 관련되는 것이 아니라 다른 기관들, 그리고 그가 나중에 말하게 되는 것처럼 다른 **장기**, 다시 말해 심장이나 입술에 관련된다. 이와 같이 말하는 데 어려움을 겪는 사람들에 관해서, 우리는 그가 '입술을 할례받지 않은 자' ('*arel sephataïm*)——그것은 모세가 파라오 앞에서 자신의 대변인이 되어 달라고 자기의 형 아론을 설득할 때 내세운 논거이다——라고 말할 것이고, 잔인한 사람에 대해서는 '심장을 할례받지 않은 자'('arel leb)라고 말한다. 'arel이라는 용어는 아직은 가공되지 않은 산물, 야생의, **자연의** 산물들에 동일하게 적용되는데, 이러한 산물들에는 문화의 흔적이 남아 있지 않다. 다시 말해, 그것들은 할례(Mila)가 표상하는 이러한 문화 행위로 자손의 육체에 표시를 남기는 관습을 지니지 않은 '이방인들'과 동일한 이유로 할례를 받지 않았다('arelim).[36]

요컨대 라캉이 자신의 세미나에서 환기시키려 하는 것은, 에로틱한 알파벳 문자 속에 할례를 내포하고 있는 육체의 어떤 부분들의 분리가 **언어 속에** 존재한다는 사실이다.

어떤 완전히 다른 뿌리에 근거를 두고 있는 할례 행위(Mila)를 지칭하는 단어와 마찬가지로, 히브리어에는 '할례를 받지 않은 자('arel, 'arelim)'라는 용어만 존재한다는 점을 유의해야 한다. 반대로 '할례를 받은'이라는 형용사는 히브리어에는 존재하지 않는다. 그것은 자연의 질서에서 문화의 질서로의 이행을 구성하는 행위 그 자체 속에——적어도 히브리어에서는——포함되어 있다. 나는 라캉이 이러한 언어의 특수성을 알고 있었는지는 잘 모른다. 그러나 라캉이 전술한 할례를 '욕망의 순수한 기능'의 중심지, 즉 대상 a가 형성되고, 그가 대상들의 대상, **객관성의** 대상과는 대립되는 **대상성의** 대상이라 부르는 장소와 대조하는 것은 사실이다. 이 대상성은 그가 우리에게 상기시키듯 원인의 기능을 밝혀 주는 단절의 상관물이며, 이러한 기능은 **형식상으로** 우리들을 욕망하는 주체들로 지칭하는 것을 표상할 우리자신들의 상실된 부분과 중첩된다.

라캉에게 있어 "단절이 생겨나는 육체적 경험의 다른 수준에서 상실된 대상으로서의 대상은, 그 육체적 경험들을 지지하고 동시에 원인으로서 기입된다." 우리 자신들의 이러한 육체의 부분은 본질적으로, 그리고 기능적으로 부분적이다. 라캉은 욕망의 대상(원인[37])으로서 육체 속에 기입된 이러한 '부분성'을 매우 강력하게 주장한다. 그는 대상의 육체성이 부정의 창조적 영역들 중의 하나라는 사실을 덧붙이는데, 이러한 부정은 타자의 무언가에, 또는 욕망, 즉 타자의 육체에 대한 욕망, 그리고 단지 자기 육체에 대한 욕망의 영역 속에 항상 남아 있는 것의 대체물에 호소하려 한다.

이러한 환기는 본질적이다. 왜냐하면 종종 정신분석계는 욕망의 대상 원인을 육체에서 분리된 것으로 이해하기 때문이다. 그런데 여기서 라캉은 이러한 이상주의적인 입장에서 등을 돌리고 육체 속에 뿐만 아니라 언어 속에 대상 a를 정박시킨다. 순수한 추상화에 속하지 않는 열개(裂開)를 겪는 이러한 주체의 부분, 언어 속에서는 모음 생략에 따르는 이러한 부분은 보다 내밀한 어떤 것, 라캉이 장기라고 부른 것 속에 있는 우리의 육체와 관련된다. 만일 우리가 이러한 개념을 잊고 있다면, 우리는 예를 들어 누군가가 "내가 원하는 건 다른 것이 아니라 너의 심장이야……"라고 말할 수 있다는 것을 이해할 수 없다. 물론 여기서 심장은 은유에 불과하다. 문제가 되는 것은 결코 심장의 근육이 아니다. 그런데 증오 속에서는 장기만이 표적이 되고, "너의 심장을 다오"라는 것은 "죽어라!"와 등가물이 된다. 이러한 전제들은 우리의 논의를 선명하게 드러낼 수 있도록 해줄 것이다.

나의 가설은 다음과 같다. 남성 동성애자에게서(또는 그들 가운데 적어도 몇몇에게는) 상실된 것으로서의 대상, 욕망의 대상 '원인'이 단지 장기의 차원에서 욕망을 내포하지 않고는 그런 욕망을 환기시킬 수 없었던 것처럼, 언어 속에는 항상 은유화의 어떤 부분이 결핍되어 있다. 이처럼 동성애자가 "너의 심장을 원해"라고 말하게 되었을 때, 그는 항상 광기에 이를 정도로 은유화에서 멀어지는 한 부분이다.

몇몇 동성애자들이 남근에 대해서 느끼는 증오와 관련하여, 우리는 남근이 거울상 속에 나타나지 않기 때문에 그 거울상을 창설하는 것을 지칭하는 용어라는 점을 상기해야 한다.[38] 따라서 그것은 라캉의 용어를 다시 취하자면(세미나 《전이》를 참조) 하나의 섬, 지도 위에서는 **미지의 땅**을 의미하는 일종의 여백처럼 보인다. 라캉은 상상계의 상징적 차원을 작동하게 하기 위해서는 이러한 '여백'이 필요하다고 덧붙인다. 그 이후 그는 거기에 단지 기호로 색인화된, 남근에 관한 다른 글쓰기로부터——'남성이 고민하는 것, 페니스'를 남근과 구별하는 어떤 또 다른 글쓰기와 같은 방식으로——라캉의 대수학에서 $(-\varphi)$로 쓰여지는 것을 갖게 될 것이다. 몇몇 동성애자들에게 있어 이러한 과정에서 벗어나는 것은 무엇인가? 라캉은 욕망의 원인이 장기 속에, 그리고 아주 정확하게는 그가 '원인의 장기'라 부르는 남성의 성기 속에 자리잡고 있다면, 그것은 단지 결핍을 통해서만 형상화될 수 있고, 또한 나타난다는 점을 분명히 밝히는데, 이것이 첫번째 대답이 될 것이다.

나는 종종 눈살을 찌푸리게 하는 독신 남성의 상황을 체험하면서 부부 생활을 목표로 삼는 이러한 동성애 분석자들이 장기를 충족시키고, 다른 사람들에게는 인간 쓰레기로 생각되도록 내버려두기 위해 일주일에 한 번 **밀실**로 가지 않을 수 없다는 말을 듣고는 아무튼 놀랐다. 이처럼 주체에게 자기 자신을 결핍의 표시가 있고, 라캉이 '할례'와 연관시키는 이러한 작용의 흔적이 남아 있는 것으로 간주하도록 허용하는 것은 호소에 부재로 대응한다. **호소에 부재로 대응하는 것**은 선동의 극치가 아닌가? 타자와 마주한 주체의 완전한 가림, 대상의 특성들 중의 하나인 가림, 어떻게 보면 그림자인 가림은 '인식 [속에서] 작동하기 [시작하는] [이러한] 보이지 않는 [얼룩의] 대응물'이 아닌가?

또한 우리는 이러한 맹점을 지닌 동성애자에 의한 거부가 원인이 솟아나는 장소, 다시 말해 남근과 관련되지만 여기서는 [-(-φ)]로 쓰이게 될 이러한 공간을 괄호 안에 넣게 된다는 가설을 제기할 수 있다.[39] 따라서 페티시스트처럼 동성애자는 자신의 눈을 믿지 않는다. 그렇기는 하지만 그의 시선은 페니스의 **현실성**과 남근을 혼동하게 만들 것이다.

역설은 다음과 같은 점이다. 즉 시선은 시각의 교차와 맹목의 작업에 의해서만 가능해진다는 것이다. 그런데 도착자는 끊임없이 차이의 기표들이 새겨지는 이러한 **맹점**을 거부하려 한다. 여기에서 이러한 가증스런 성적 도착의 형태가 단정되고, 가설들이 거부된다. 이론의 영역에서 이런 성적 도착 형태는 단정을 통해 가설을 부인하려는 경향이 있다. 우리는 분석가들에게서 그런 경향을 발견한다. 그들은 자신들이 **모든 것**을 말할 수 있고, **모든 것**을 설명할 수 있다고 감히 확신한다. 그것은 마치 이런 **모든 것**이 맹점과 절반의 진술(mi-dire)을 거부하는 기능을 하는 것과 같은데, 이러한 맹점과 절반의 진술이 없다면 분석 이론 그 자체는 구축될 수 없을 것이다.

달리 말하면 욕망의 원인에서처럼 환상 속에서, 이론 속에서 중략어(中略語)는 대상 a의 특성을 새겨둔다. 그것은 무엇보다도 우선 '완전한 육체'의 모든 표상의 중단이고, 타자들의 장기와 빈번하게 접촉함으로써 충족되고 완벽하게 될 어떤 육체에 대한 모든 표상의 중단이다.

여기서 동성애자의 불안에 대한 질(質)의 문제가 나온다. 불안이 근거가 없지 않다거나 모르는 채로 남아 있는 어떤 근본 원인에 항상 결부되어 있다면, 남성 동성애자의 가슴을 짓누르는 그 불안은 무엇이란 말인가? 이 경우에 그를 벗어나는 것은 그가 사납게 물고늘어지고——그에게 형태와 윤곽을 부여하기 위해——, 그가 어떤 경우에도 떨쳐 버릴 수 없는 그림자에 속하지 않는 것인가?

한걸음 더 나아가자. 에로틱한 육체를 나타내는 분리가 동성애 속에서 어떤 빛의 변증법에 결부되어 있다면, 향락은 한편으로는 빛에 연결되고, 다른 한편으로는 빛이 **동성애자에게 있어 이러한 상실의 중단으로 강렬하게 표시되어 있는** 한 환상에 연결된다. 달리 말하면 동성애자는 스스로가 자신의 욕망의 대상, 타자의 육체 또는 자기 자신의 육체의 완벽한 이미지에 대한 욕망의 대상이 됨으로써 분리와 나머지의 요청에 의해 추락하는 것, 따라서 끊임없이 환상의 작업중에 있는 상실된 대상의 기능을 고려하지 **않으려** 한다.

또한 동성애자의 이미지(그의 동료의, 또한 **본래의 자기 분신의** 이미지)는 절망적일 정도로 유일한, 나르키소스의 이미지와 닮았으리라. 나르키소스는 무엇보다도 개울이나 거울 속에 비치는 자신의 이미지와 혼자서 마주하고 있는 것에 괴로워한다. 그는 이러한 고독, 회복하지 못하고 죽게 되는 그러한 완벽함으로 고통받는다.

우리의 입장에서는, 동성애 속에서 거울상의 외재성은 부재한다. 그런데 일반적으로 주체에게 **거울 속에서 (서로 마주) 보게 하고 죽지 않도록 해주는** 것은 시선으로부터 주체의 외부에 있는 것에 속한다. 게다가 주체의 차단된 시선은 거울 속에서 자신을 응시하고, 최초의 대타자와 만나는 경험을 시작하는 자의 이미지의 다른 쪽을 보여 준다. 이것이 동성애자의 고독의 비밀일 것이다. 그는 마주 보는 유일한 자이고, 자신의 이미지가 이 거울에서는 가능한 유일한 것이다. 어느 날 우연히 그가 마주치게 될 또 다른 이미지를 만난다면, 도리언 그레이처럼 그 이미지는 단지 자신의 타락 · 노쇠 · 배설의 이미지를 그에게 되돌려보낼 뿐일 것이다. 이것은 우리가 종종 동성애 분석자들의 담론 속에서 발견하는 극단적인 입장인데, 가령 그리고 특히 그들이 아폴로풍의 특성들을 부여받았다 하더라도 그들은 아주 젊은 시절부터 스스로가 늙고 뚱뚱하고 시든 상태에 있다는 끔찍한 두려움에 대해 말했다. 단지 깨끗한 육체의 배설에 대한 기대 속에서만 다른 나머지를 생각하는 인간 쓰레기에 대한 예상이 문제가 된다.

내가 여기서 환기하는 **거울**은 거울상의 환호하는 가정이 수립되는 거울일 뿐만 아니라,[40] 대타자의 영역 속에서 '발견' 되는 바로 그 순간에, 상실된 대상(욕망의 원인)[41]의 신기루가 있는 바로 그 장소에 거세를 새겨두는 텅 빈 장소가 '나타나는' 거울이다. 그렇게 해서 거세/남근(-φ)은 자신의 욕망의 도구와 관련하여 주체의 수준에서 부정의 차원의 입구에 서명한다. 그것은 대타자의 영역에서 모든 성적 욕망의 분출이 필연적으로 음성(陰性)의 차원, 또는 적어도 승낙이나 거부를 서로 결합시킬 일종의 총체를 가져온다는 것을 말한다.

동성애자는 음성적인 것을 부정하라는 명령, 다시 말해 욕망 대상의 신기루를 장기의, 실제의 차원으로 이해하게 만드는 명령에 복종하지 않는가?

*
**

"나는 어린 소녀들과 더불어서만 유아 성욕을 느끼고 싶다." 이것이 동성애 분석자——그는 단번에 이렇게 정의된다——가 여러 해 동안 오직 홀로 생활한다고 분명히 밝히면서, 그리고 그가 순수하게 플라토닉한 것으로 묘사하는 여인들을 제외하고는 모든 사랑의 만남을 스스로 금하면서 첫번째 회합에서부터 갖게 되는 놀라운 진술이다. 오랜 전에 나는 "성관계를 갖는 것을 금하는, 이러한 행위가 환상의 길을 가로막게 될 음성(陰性)의 부정으로 그를 인도한다는 두려움에 속하지 않는가?" 하는 문제를 제기했다. 달리 표현하면 성적 관계를 갖지 않는 것, 즉 '장기의 차원'을 손대지 않고 그대로 보존된 상태로 유지하는 것은 거세와 마찬가지로 그를 거부에 사로잡힌 욕망 대상의 신기루와 더불어 노닐게 한다.

동성애자에게 환상이 없지는 않다는 점을 잘 이해하자. 그가 환상을 갖지 않는다면, 그는 **이미 죽은** 것이리라. 그러나 성행위가 거세 불안(이것은 죽음의 영역과 관련되고, 충동의 영역에 묶여 있다)[42]에 어떤 관계를 도입함에 따라, 이러한 분석자에게 있어 환상의 위상은 끊임없이 문제가 된다. 즉 거세의 한 부분은 그에게 있어서는 기호——부정——에서 벗어나는 것처럼 보인다. 이처럼 그가 소녀들과 더불어서만 성관계를 갖는 상상이 가능하다고 선언하고, 소년들을 등장시키는 모든 유아성욕자를 증오한다고 단언할 때, 소녀나 여성의 나체가 그에게 불러일으키게 될 공포, 무례함을 강조함으로써 그는 '성관계를 갖다'라는 용어의 원칙 그 자체에 불가능의 차원을 상정한다. 이것은 사랑행위 속에서 만날 수 있을지도 모르는 실제나 장기가 그에게 말을 차단하고, 언어에 접근하는 원칙 그 자체에 있는 '부정(non)'에서 그를 추방할 위험이 있다고 말하는 방식이 아닌가? 게다가 그가 절대적으로 비도덕적이라고 간주하는 이러한 행위 앞에서 혐오를 갖고 뒤로 물러섬으로써, 소녀들과 더불어서만 성관계를 갖는다고 상상하는 것은 '어머니에게 속하는 이러한 이차적인 성의 속성들'을 만나는 것을 피하고, 이러한 상상 불가능한 행위 도중에 미래의 여성스러움을 통해 현저하게 드러난 아이들을 발견할 위험이 있는 방식이 아닌가?

달리 말하면, 여기서 불가능한 것은 관계가 아니라 행위 자체이다. 즉 소녀의 육체가 띠게 될 결핍의 이미지가 그에게 심한 불안을 불러일으켜서, 그 이미지를 실제의, 장기의 유일한 차원으로 되돌려보냄으로써, 그러한 불안이 모든 욕망의 이용을 금지할 것임에 따라 그러한 행위는 생각될 수 없는 것에 속한다.

결핍과 연관되는 이러한 불안은 육체와 관련되고, 라캉이 맘므(mamme)라고 명명하는 어머니의 젖가슴과 관련된다. 이러한 연관성은 단절의, 분리의 기능을 수행함으로써, 그 맘므가 부재와 현존의 놀이 속에 새겨지는 **유아**(infans)에 대하여 어머니에 의해 상실됨에 따라 생겨난다. 그런데 우리의 분석자가 자신의 아버지를 결코 알지 못했고, 자신의 주변에서 분리자의 역할을 수행할 수 있을 만큼 매우 훌륭한 남자를 갖지 못했다는 유감을 표명한다는 점에 유의해야만 한다. 어머니는 자신의 자리에 있고, 세월을 따라 그는 그 어머니의 육체를 어떤 소름끼치는 운명이 예정된 사춘기 이전의 소녀들, 즉 여성 존재, 어머니 존재들에게서 만날 위험이 있는 무기력하고 두려운 대상들의, 욕망의 원인 대상들의 위상에서 생겨나지 않은 일종의 대상들의 무덤으로 간주했다.

맘므 또는 오직 **양육의 울타리**인 태반(胎盤), 또는 **오로지 어머니에게 찰싹 달라붙은** 젖가슴의 그 어떤 것도 그에게 있어서는 상실의 기표들 속에 기입된 대상의 역할을 하지 못했다. 말하자면 어머니는 **實際로 젖가슴을 갖고 있었고**, 태반은 양육자에 불과했으며, 어떤 불연속의 표시를 지니고 있지 않았다. 이러한 제 3의 대상의 결함, 분리의 결함은 어떤 것도 중단시키고 싶어하는 것 같지 않았으며, 어느 누구와의 성적 접근도 모두 금지시켰던 침울하고도 무시무시한 연속성을 그와 마주하게 했다.

이 분석자는 끝없는 고통과 함께 "해부, 그것은 운명이다"라는 프로이트의 단언과 대면해 왔다. 그에게 있어 어떤 운명이 문제가 되는가? 이 공식에 역정이 났던 라캉은[43] 해부라는 용어가 절단의 개념과 관련된다는 점을 상기시킨다. 게다가 블로흐와 폰 바르트부르크는 《프랑스어 어원학 사전》에서 해부라는 용어가 우선 **세분화(dissection)**를 의미한다고 강조하지 않았는가?[44]

또한 우리가 프로이트를 따르면, **운명**이 부모를 계승하는 것이고, 이러한 이유로 운명은 아이에게 흔적을 남기고 그의 생이 끝날 때까지 쫓아다닌다는 것을 고려하고 싶다 하더라도, 이 분석자는 해부의 증오, 절단·거세의 증오, 남근·분리의 증오, 운명 그 자체의 증오 속에서 살아왔다.

이 불길한 운명은 자신의 해부 앞에서 경탄하는 길을 가로막고, 자신의 욕망의 통로를 차단했다. 이 운명은 어머니를 등장시켰는데, 그 어머니의 육체와 담론은 어떤 분리를, 어떤 음성(陰性)——이것 덕분에 그는 자기 자신의 육체에 결부된 공포에 증오 없이 접근할 수 있었을 것이다——을 금지시켰다. 이러한 증오는 대타자의 부재를 새겨 놓는다. 이 대타자가 없다면 주체는 거세의 횡단 자체 속에서 자신의 욕망을 만날 수 없었을 것이다.

결핍의 전거[45]인 이 대타자의 부재는 이러한 **부재의 부재**에 속하는 자신의 육체 속에서 주체와 마주한다. 그런데 이러한 부재의 부재는 어느 누구와의 관계를 공포, 위험, 애착감의 가림, 불안의 원천으로 변형시키는데, 모든 조건들은 발작적으로 종종 설명할 수 없는 증오를 솟아나게 만들지만, 이 분석자는 매우 놀랄 정도로 일반적으로는 완전히 부드럽고 매우 정중한 것으로 나타난다.

항상 잃어버릴 수 있는 어떤 친구에 대해 극심한 상처를 입힐 수 있는 증오, 우리는 이 증오를 자신이 사랑하는 사람에게 **반대**로 수동적으로 애착을 보이는 또 다른 분석자에게서 발견했다. 그 증오는 불안을 대신해서 뜻밖에 일어난다. 그는 자신이 일요일마다 아침에 형제들과 누이들과 함께 부모의 침대 속으로 갔던 때(축복을 받았는지 그렇지 않았는지 그는 모른다)를 스스로 회상하는 회합이 있은 이후부터 특히 증오를 불러일으켰다. 이러한 의례의 추억은 여러 해 동안 계속되었는데, 그 순간 그에게 있어서 그를 놀라게 하는 무서운 공포감을 불러일으킨다. 그것도 그가 항상 이 장면을 특히 다정스런 것으로 간주했던 만큼 더 그랬다. 그래서 나는 그에게 다음과 같은 구성을 제안했다. "그것은 아마도 부모의 침대 속에서 그 친구를 만난다는 두려움과 동시에 그를 거기로 데려가려는 소망을 불러일으킨다."

단호하게 '전오이디푸스기'로 남아 있었던 일종의 누에고치 속으로 친구를 인도한 것은 차후 치료의 진행을 변경시켰고, 그 때까지 갈라 놓을 수 없는 부모의 커플을 함께 지내기 좋게 만들었는데, 그 커플 속에서 어머니는 가증스런 존재의 역할을 하고 있었다.

그래서 **하나의 다른 공간**이 이 분석자에게 열렸고, 그 공간은 어머니 쪽의 작업에서 **결핍**이 다시 나타날 가능성을 그에게 제공하고, **동일자**가 결국 다를 수 있는 차원으로 그를 인도하게 될 것이다. 그 분석자가 그때까지 여전히 지각하지 못했던 **주체로부터 타자에 이르는**──그들은 동일한 성(性)이었다──이러한 구조적 차이는, 꿈속에서 친구의 침입이 자신에게 어머니-가족 진영의 구성원들을 하나씩 구별하고 명명하도록 허용했던 바로 그 순간에 밝혀질 수 있었다. 그런데 그 어머니-가족 진영은 어떤 전지전능한 어머니의 보호 아래 놓여 있고, 구별되지 않는 하나의 전체로서 그에게 나타나 있었다. 그래서 대타자로부터 어머니의 인물 주변에서 전적으로 엉켜 있었던 가족의 공간 속에서 상상되고, 그리고는 상징화될 수 있다는 생각이 나타났던 것이다.

그렇다고 해도 몇몇 동성애의 형태들 속에서 파트너는 불가능한 존재, 즉 그 특성이 분리되는 것이고 이미지 속에서는 전혀 포착할 수 없는 것에 속하는 대상 a를 형상화하고 구현할 수 있는, 흔적 없는 존재의 실존을 확신하기에 이르렀다. 그 반면에 **거세에 반발하는** 것처럼 보이는 남성 육체의 외형으로 인해 주체는 남근이 지워진 것을 보지 못하는 것 같다. 욕망의 원인 대상과 남근 사이의 이러한 불균형적인 지위는, 라캉이 남성과 여성의 남근의 기능 사이로 도입하는 차이를 설명해 준다. 이러한 가설은 라캉이 그 여성은 이러한 기능에 전적으로 종속되지 않을 것이라는 사실, 다시 말해 여성의 어떤 부분은 남근 우위에 완전히 종속된 것으로 가정된 공통 운명에서 벗어난다는 사실을 진술하도록 허용할 것이다.[46]

따라서 그 여성과 동성애자 사이에 어떤 차이를 개입시킬 수 있는가를 아는 문제가 제기된다. 그런데 이 동성애자는 자신의 입장에서는 거세가 결핍될 수 없는 것처럼 보이는 것에 의해 감춰져 있는 것처럼 보임으로써, 무엇보다도 먼저 거세의 욕망에서 생겨난 불안과 대면하고 있다. 어떤 기만적인 힘에 사로잡혀 있는 남성 동성애자는 성적인 장기만이 그에게 일종의 광적이고 허위에 찬 완벽성을 보증해 줌에 따라, 불가능한 욕망의 궁지에 몰려 난처한 상태에 빠져 있다. 이러한 이유로 동성애자는 남성의 지위에도 여성의 지위에도 속하지 않고, 오히려 다른 지위——그가 그 남성다움, 가죽이나 자전거 체인을 두르고, 순전히 과시에 불과한 과도한 근육질로 된 눈요깃거리의 남성다움을 생각하도록 허용하는 지위——에 속한다.

사회 관계의 수립에서 프로이트가 동성애자에게 허용하는 역할로 인해 우리에게 제기되었던 한 가지 문제가 남아 있다. 동성애는 남근의 기능에, 거세에 굴복하지 않을 고대의 아버지와 마주하여 《토템과 터부》의 원시 유목민을 묶어두는 매우 특별한 관계처럼 집단, 즉 조직된 군중들 가운데 무리를 만드는 것 속에서 그 역할을 할 것이다. 또한 이 아버지 살해, 문명이 상속받았고,

남근의 기능에 불복종하는 것을 종결시킨 것처럼 보이는 이 살해의 신화는 동성애자에게는 궁지에 몰린 것 같다. 희생의 개념, 아버지 살해의 개념과 증여의 문제는 그의 내면에 새겨져 있지 않은데, 이것은 우리에게 동성애자의 도착이 직접적으로 아버지의 기능의 달성에 속한다고 생각하도록 해준다.

여기서 여성의 지위와 더불어 한 가지 비교 검토가 불가피하다. 여성(페니스가 없는)은 페니스와 남근을 혼동함으로써 페니스가 없는 것으로 생각할 수 있을 것이다. 이 (-φ)의 양성화(陽性化)는 남근에 전적으로 굴복하지 않고서 여성에게 욕망의 원인 대상이라는 것에 동의하도록 허용하는 선망, **증오스런 선망**이라는 의미에서 **페니스 선망**의 형태를 띠게 될 여성의 꿈일 것이다.[47] 그에 대한 한 가지 훌륭한 예가 피에르 베탕쿠르의 그림을 통해 제공되었는데, 그것은 현대 미술관의 전시[48]에서 볼 수 있었고, 《다프네의 꿈》을 보여 준다. 남자들의 사랑에서 벗어나는 여사제 다프네는 아폴로에게 구애를 받는다. 신화에 따르면, 그녀는 제우스에 의해 월계수로 변한다. 그런데 피에르 베탕쿠르의 그림 속에서 이 월계수들은 가상적으로 남근을 형상화하는, 모두 다 엄청나게 거대한 페니스들이다. 다프네를 둘러싸고 가두기도 하지만, 아폴로 때문에 겪게 되었던 모욕으로부터 그녀를 보호하는 이상한 개화. 그런데 아폴로는 여성들에게만 자신의 사랑을 고백하지는 않았다. 그는 또한 젊은 남자들을 사랑했다. 가장 유명한 것은 영웅 히아킨토스와 퀴프로스인데, 그들의 죽음, 아니 그보다는 오히려 변모(전자는 백합으로, 후자는 실편백으로)가 신을 매우 슬프게 만든다. 이처럼 욕망의 올가미에 사로잡혀 있고, 남근의 개화에 둘러싸여 있는 아폴로와 다프네의 육체의 연출은 끊임없이 동성애자의 향락을 나타내는 것처럼 보이는 기만하는 힘의 부분을 설명할 수 있다.

우리가 생각하는 것처럼 남성 동성애가 아버지의 기능의 달성을 나타낸다면, 그것은 아이에게 있어 아버지가 어머니의 유일한 성적인 봉사에 바쳐진 것처럼 보인다는 것인데, 그 어머니는 주체가 여성과 어머니라는 이중적 조건 속에서 스스로를 나타내기가 불가능한 상태에 처할 어머니이다. 그것은 거세의 기표, 즉 남근에 끊임없이 상상적 일관성을 제공한다. 내가 장기의 손상이라고 명명하려 했던 것에 주체가 복종하는 것은 그때이고, 그 이후 유일하게 타자의 장기만이 중요할 것이다.

이러한 이유로 주체는 장기처럼 보이고, 장기로서 자신을 드러낸다.

주체는 공포와 증오 속에서 실제로서 나타난다.

주체는 타자에게 공포를 불러일으키고, 그것을 즐긴다.

주체는 게시된, 완전히 드러난, 가면도 없고 한계도 없는, 그리고 다른 기능으로부터 남근의 증오, 즉 거세의 증오의 표현만을 갖게 될 술어로 즐긴다. 성기에 연관된 매우 특별한 이 증오는 동성애자의 유일한 속성인가? 그것은 동성애자와 마찬가지로 이러한 동일한 쟁점 속에서 그들의 일관성을 찾는 어떤 집단에게 생기를 불어넣는 증오——우리가 주목했던 바처럼——가 아닌가? 이런 종류의 증오는 끊임없이 쇠퇴하고 분열할 조짐을 보이며, 계속된 수정을 요하는 제도의 가장 튼튼한 유대가 아닌가?

$$**$$

　이 첫번째 노정이 끝날 무렵에 이른 우리에게는 "어떤 도착적 구조가 있는가, 그렇지 않은가?"라고 1970년대에 솔랑쥬 팔라데가 제기했던 문제가 떠오른다. 라캉은 아니라고 생각했다. 나로서는 도착이 끊임없이 언어를 왜곡하는 한, 우리가 구조와 담론의 관계 속에서 도착을 생각지 않을 수 없는 것이라고 생각된다. 사실상 도착자는 **불가능한 것**을 가지고, 특히 모든 것을 말하는 불가능한 것을 가지고 끊임없이 술책을 부리는 듯이 보이는 자이다. 그는 타자의 진실에 대해 모든 것을 진술할 수 있는 덕을 가졌다고 끊임없이 주장한다. 이러한 주장은 필연적 귀결이고, 남근을 소유한다는 자기 확신을 의미하는 표현이며, 인간이 두 종류, 즉 남근──그가 주장하듯이 자신의 경우에 해당하는 것──을 가진 사람들과 그밖의 다른 사람들로 나누어진다고 생각하는 자신의 성향을 의미하는 표현일 것이다.[49]

　도착은 본질적으로 차이의 증오일 것이고, 어떤 무리 또는 제도적 궁지의 특성인 이러한 무리−효과의 구성 원리에 속하는 증오일 것이다.

　정신분석 제도는 지도자──임시적이고, 끊임없이 증오받는──에 의해 구현된 신성한 남근에 바치는 공허한 찬송가를 부르기 위해 소리를 내는 합창대의 특권을 부여받은 장소이다. 곧장 그의 동료들에 의해 가축떼를 이론적 진리와 제도적 제국주의의 푸른 목장으로 이끌고 갈 책임을 맡은 가축으로 쓰이는 데 지명된 이 지도자는 희생되도록 운명지어져 있다.

주기적으로 지도자를 선출하고 희생시키고, 반복적으로 재편하고 분열하는 성향은 제도를 조작하는 동성애를 보여 준다. 이러한 제도는 반복적으로 실패에, 분할에, 자기 파괴에 바쳐진 하나의 **전체**를 수립하려고 시도하기 위해서 거부로써 모든 차이의 지수에 끊임없이 타격을 입히려고 한다.

프로이트에 의해 언급된 '동성애의 관계'를 표상하는 것과는 상관없이, 제도 속에서 작용하는 이러한 도착의 형태는 정반대로 그 제도 자체의 내부에서 토대가 되는 살해 대신에 거부를 촉진하는 경향이 있다. 이러한 살해는 모든 제도들에 대해 일단 완료가 되었을 것이고, 이런 이유로 상징적인, 다시 말해 아주 단순하게 살기 좋은 관계의 기초를 쌓았을 것이다.

4

악마의 페니스

자닌 마티용은 무섭고도 매우 아름다운 이야기 〈유령들〉[50]에서, 각 민족을 청소해 버릴 때마다 진흙탕에서 다시 태어나고, 교회가 제재의 대상으로 지명하는 사람들에 대해 분노를 드러내는 한 해골을 등장시킨다. "그들은 모두 죽을 만하다. 왜 그런가? 분명한 것은 그들이 살 만한 가치가 없다는 것이다. 시토의 수도 원장 시절부터 사람들은 그들을 악마의 페니스, 파멸의 아들, 죄악의 구렁텅이[…]로 불렀다. 신의 이름으로, 시토의 수도원장은 안전을 위해 모든 선량한 가톨릭교도들을 죽이라고 명령했다. 그들은 이러한 이교도들의 누추한 누더기들과 함께 레이스로 된 제단보, 황금 성체현 시대, 금은 식기류, 진귀한 책들, 융단과 금화가 실린 수백 개의 짐수레들을 가득 채우지는 않았을 것이다. 그래서 십자군 병사들은 3일 동안 그들의 남은 삶을 풍요롭게 만들었다."[51] 악마의 페니스는 이처럼 반드시 "자, 이제 너희 노예를 해방시키고, 다스린다(Nunc dimittis servum tuum, Domine)"라고 노래 부른 뒤에 싸우러 갔고, [……] "우리를 위해 죽은 이를 위해 모두 죽자"라고 소리를 질렀던 사람들을 위험에 빠지게 하는 이러한 적들에게 부여된 이름이다. "매번(그들은 그 점을 알아차렸다) 그들은 죽지 않았으나, 그들이 예상할 수 있었던 것 이상으로 적들을 죽였다."[52]

이러한 증오의 다른 형태는 우리가 관습적으로 신이라 부르는 것의 이름에 나타난다. 그것은 지름길을 통해 우리가 문화 속에서 증오의 위치를 정하려고 시도하게 될 특별한 명칭이 있는 다른 곳으로 우리를 인도할 것이다. 이러한 증오는 폭력과 구별되어야 한다. 왜냐하면 모든 증오의 분출이 폭력적이라 하더라도 모든 폭력은, 한 사람의(또는 **한 사람 한 사람**이 모인 다수의) 폭력이 무장 해제된 사람들에 대해서만 행사되는 어떤 대면에서 생겨나는 정서도 증오도 포함하지 않기 때문이다.

사실상 증오는 대치에 속하지 않는다. 그것은 비-대치의 산물이다. 그것은 어떤 부당함을 보상하려 하지 않고, 잔인함을 원하며, 양심과 민족이나 종교적 순수의 이름으로 더욱 심한 부당함을 찾는다.

그런데 증오——**아버지의 살해**나 **성욕의 희생**과 같이[53] 구조적이고도 근본적이면서 덧없는, 그리고 기념비적이고 역사적이지만 사실로서 기록해야 할 성격은 아닌 것으로 인정해야 하는 이 **근원적** 증오——는 신화학자에 의한 것과 같이 분석가에 의해서도 그 진정한 위치에 놓여 정당하게 인정되어야 한다. 거부로 증오에 타격을 가하는 것은 그 회귀를 허용함으로써만 다른 효과를 가질 수 있을 것이다. 증오를 인정하는 것은, 우리의 문명과 프로이트에게 "우리 모두는 암살자의 긴 계보에서 나왔다"[54]라고 말하게 했던 원리에 속하는 이러한 대치의 총체 속에 그것을 포함시키게 될 것이다.

창세기의 처음 몇 장들은 그 점을 선언한다. 아담과 이브가 나체·성 차이·부정·시간 그리고 죽음에 대한 지식에 접근했다는 이유로 에덴에서 쫓겨난 이후로 두번째 비극, 감히 표현한다면 그 이름이 '경박함' 뿐만 아니라 아주 이상스럽게도 '만사의 헛됨'[55]을 환기시키는 그의 동생 아벨에게 사로잡혀 있는 카인의 비극——문자 그대로 '기정 사실화된 것'——이 창조의 신화적 이야기를 드러낸다.

카인은 땅을 경작한다. 목동이자 목자인 아벨은 3명의 먼 종손자들이며, 족장들인 아브라함·이삭·야곱을 예고한다. 이러한 이유로, 그는 어떤 것도 지금까지 그 존재를 예측하지 못하게 했던 기능을 창출할 것이다. 카인은 그의 부모가 쫓겨났던 경작지, 신의 분노에 의해 저주받았던 경작지를 일군다.

모호한 이유로 카인의 희생은 거부되고, 반면에 아벨의 희생이 받아들여질 때 비극은 시작된다. 이러한 부당함은 카인으로 하여금 동생을 죽이게 만든다. 이러한 행위로 표시된, 모든 인간들과는 구별된 그는 살해의 흔적을 지닐 수밖에 없는 자이고, 어떠한 경우에도 살해되어서는 안 되는 자일 것이다. 이 **보호받은 자**의 살해를 기도하는 자는 일곱 번이나 벌을 받으리라는 이상한 약속으로 이중화된 무시무시한 구별. 이 순간부터 카인은 다른 사람들과 구별되기 위해 표시가 된 사람들, 즉 무죄로 추정된 사람들[56]을 예고해야만——어떻게 사람들은 지금까지 이것을 생각할 수 없었을까?——하는 것처럼 보인다. 그는 죄인이고, 자신에게 엄청난 잘못을 지우는 죄인이지만, 그럼에도 불구하고 그러한 생활은 묵인되어야 할 것이다. 그는 정식으로 결혼(어떤 전통에 따르면 자신의 쌍둥이 누이와)도 할 것이다. 이러한 결합에서 그는 에녹('에녹'은 '개시'와 동시에 '봉헌'을 의미한다)이라는 아들을 낳게 될 것인데, 그 아들을 위해 그는 최초의 살해자의 아이 이름을 따게 될 한 도시를 건설하게 된다.

그래서 "에녹에게서 이랏이 태어났고, 이랏은 므후야엘을, 므후야엘은 므드사엘을, 므드사엘은 라멕을 낳았다. 라멕은 두 아내를 데리고 살았는데, 한 아내의 이름은 아다요, 또 한 아내의 이름은 씰라였다. 아다가 낳은 야발은 장막에서 살며, 육축(六畜) 치는 자들의 조상이 되었고, 그의 아우 유발은 거문고를 뜯고 통소를 부는 악사의 조상이 되었으며, 씰라가 낳은 두발가인은 구리와 쇠를 다루는 대장장이가 되었다. 두발가인에게는 나아마라는 누이가 있었다."(〈창세기〉, 4:18-22)

문명의 창시자인 이 명망 있는 혈통의 후손으로부터 우리는 불운한 숙명에 처한 라멕이 다시 출발점으로 돌아와 두 사람을 죽이는 것, 그래서 그의 아내들에게 다음과 같이 선언하게 만드는 것을 제외하고는 아무것도 알 수 없다. "아다야, 씰라야, 내 말을 들어라. 라멕의 아내들아, 내 말에 귀를 기울여라. 나를 다치지 말라. 죽여 버리리라. 카인을 해친 사람이 일곱 갑절로 보복을 받는다면, 라멕을 해치는 사람은 일흔일곱 갑절로 보복받으리라." 〈창세기〉, 4:23-24).

11세기 샹파뉴의 위대한 주석자인 랍비 솔로몬 벤 이삭(라시)에 따르면, 라멕은 그의 선조인 카인과 자신의 아들 두발가인을 죽였다. 이것은 살해자가 시간의 흐름을 거슬러 오르내리면서, 그리고 자기 자신의 아들이 만든 검을 무기로 사용하여(라시가 이야기하는 것처럼 전통에 따르면) 희생자를 자신의 혈통에서 선택한, 살해 금지의 극단적인 위반이다. 이 무시무시한 순간에, 그는 새로운 모습으로 나타난다. 자신의 고통을 노래하는 음유시인의 모습으로, 자신을 변호하기 위해 옛 격언——그가 위반했던——

에 호소하는 시인의 모습으로.

**

우리 문화의 토대가 되는 책의 서두에 위치한 이 신화는 우리 각자가 비추어 보게 되는 일종의 가족 소설처럼 나타난다. 우리는 아버지 살해의 인류학적인, 그러나 구조화하는 우화와 마주한 프로이트와 같은 상황에 처해 있으며, 거의 교화적이지 못하지만 또한 모범이 되는 이 이야기가 문명 속에서 차지하는 위치에 관한 일련의 문제가 떠오른다.

왜 인류의 시초에 살해가, 그것도 형제 살해가 있어야만 했는가? 왜 신성으로부터 사랑을 받았으나 후손도 없이 죽은 아들과, 처벌을 면하고 사회적 기능(목자, 하프 연주자, 대장장이, 그리고 최종적으로 시인)을 통해 명망 높은 계보의 창시자들을 자신의 뒤에 남겨두는 살해자인 또 다른 아들이 있어야 했는가?

왜 신성은 농부와 목동 사이에서 임의적 선택을 하고, 카인에게 시샘의 고통을 겪게 하기 위해 목동에게 특권을 부여했는가? 그가 제공되었으나 빼앗기고, 약속되었으나 저주받고, 마침내 고통과 처벌의 장소로 지명──그 장소에 달라붙어 있는 인간이 잊을 수 없는 모든 불행──된 그 경작지에 결부되어 있었던 때문인가? 그래서 처벌을 받은 것인가?

우리에게는 이중적인 연구 방향이 필요하다. 근원적 폭력을 어떻게 이해해야 하는가? 종교에 의해 이상으로 나타난 조화는 어떻게 되는가?

악마(이 악마의 페니스는 시토의 선량한 수도원장의 적을 표상한다)의 대리자를 통해 신성한 인물에 대항하는 아담과 이브의 에피소드에 이어, 그리고 죽음과 성욕에 관한 지식(이교도들이 이상하게 '원죄'라는 용어로 번역했던 사건)을 위하여 제공되었다가 잃어버린 천국에 대한 환상에 이어서, 성서의 텍스트는 우리에게 이번에는 **추락**이 아니라 살해와 관련된 또 다른 성찰을 제시하는데, 이러한 살해는 인간성을 신성에서 멀어지게 함으로써 그 인간성을 사회성으로 이끌기 위해 필요했을 것이다.

그것은 조화가 주체를 특징지을 수 없으나, 오히려 인간과는 상관없는 신성의 현존을 배척함으로써 주체가 구조화되는 바로 그 장소에 빛과 죄악의 범주들을 도입하는 것은 긴장·투쟁, 그리고 경우에 따라서는 폭력이라는 생각이 단번에 들지 않을 수 없다는 점을 말하는 것이다.

이러한 문화와는 근본적으로 이질적인 신화로 잠시 우회함으로써 우리들의 질문에 대한 몇 가지 응답의 요소들을 얻게 된다. 그러한 우회는 카인과 아벨의 이야기가 바탕을 두고 있는 신화, 즉 아버지 살해 신화가 아니라 보다 받아들이기 쉽고 보다 완화되고 **보다 인간적인**, 보다 평범한 다른 형제에 의한 형제 살해 신화의 보편성에 대한 가설에 일관성을 부여한다.

암늑대——어떤 사람들은 창녀라고 말할 것이다——의 아들들인 로물루스와 레무스는 한 도시를 건설한다. 그들 사이에 어떤 갈등이 발생한다. 로물루스는 팔라틴에, 레무스('느린 자')는 아벤틴에 로마를 건설하고 싶어한다. 로물루스는 미래의 팔라틴의 생활을 상징적으로 보호하고, 경계를 정하는 밭고랑을 표시한다. 레무스는 이러한 건설 행위가 아무 소용이 없다는 것을 보여주기 위해, 이 도랑에 세워 놓은 조잡한 방어물을 폴짝 뛰어넘었다. 이런 불경스런 행위를 벌하기 위해 로물루스는 동생을 살해하고, 그들의 갈등과 레무스의 욕망의 모호한 대상인 아벤틴에 그를 매장한다. 따라서 로마를 정착시키게 되는 것은 거주 지정령을 위반한 무법자들일 것이다. 그들은 이방 민족에게서 여인들(사비니 여인들)을 납치——잔인하고도 끝없는 전쟁의 기원이 되는 유괴——함으로써 그들의 계보를 창설할 것이다. 로물루스가 54세의 나이에 폭풍우 속으로 사라지기 이전에, 로마에 시민 제도와 종교 제도를 갖추게 하는 것은 이러한 폭력의 자산을 바탕으로 해서이다.

어떤 사람들은 그가 암살되었다고 주장할 것이다. 그러나 그가 사라진 것에 대한 해석은 매장 장소가 영원히 비밀로 남을 것이 틀림없는 모세의 사라짐에 관한 성서의 이야기와 연결하여, 로마 건국 신화의 일부를 이룰 것이다.

이처럼 모든 것이 하나같이 다음과 같은 동일한 확증에 이른다. 즉 유대 · 그리스도교 문화가 발생하는 텍스트의 처음부터 마지막 페이지까지, 살해 · 위반 · 잘못 · 영웅들(또는 그들의 묘지)의 사라짐은 아무런 배려도 없이 주체의 진실을 드러내는 이야기를 따라 늘어선다. 도시가 이러한 긴장 속에 사로잡혀 있는 것이 이상적이지 않다는 사실을 고려해야만 했던 사회 관계는 우리에게 얼마나 주목할 만한 것으로 보이며, 또한 우리의 성찰에 얼마나 중요한 역할을 할 것인가.

블랙유머의 흔적이 있는 약간 귀에 거슬리는 투로, 카를 마르크스는 마치 메아리가 울리는 것처럼 《자본론》('잉여가치론')에서 다음과 같이 쓴다. "범죄자는 여러 가지 범죄를 생산한다. 총체 속에서 이 최종적 생산 분야와 사회 사이에 존재하는 관계들을 좀더 자세히 살펴보면, 우리는 많은 편견들에서 벗어날 수 있다. 범죄자는 범죄들만을 생산한다. 형법을, 따라서 형법 교수를 …… 낳는 것은 바로 범죄다."

더 나아가 "범죄자는 경찰·판사·사형집행인·배심원 등 모든 경찰·사법 기구를 생산하고, 사회적 분업의 범주들만큼이나 다양하게 형성되는 이러한 모든 직업들은 인간 정신의 다른 능력들을 발전시키고, 동시에 그것들을 충족시키는 새로운 욕구와 수단들을 창조한다."

더 멀리로는 "범죄자는 도덕과 비극성을 띠는 감각을 창조한다. 이렇게 함으로써 그는 대중의 도덕적·미학적 감정을 불러일으켜 '서비스'를 제공한다. 그는 형법론·형법전, 따라서 형법의 입법자들만을 생산한다. 그는 예술·순문학, 게다가 뮐러의 《과오》, 실러의 《악당들》뿐만 아니라 《오이디푸스》와 《리처드 2세》가 그 증거가 되는 비극 작품들을 생산한다. 범죄자는 부르주아적 삶을 침체로부터 벗어나게 하고, 이러한 끊임없는 긴장과 동요──이것이 없다면 경쟁의 가시 자체는 무뎌질 것이다──를 불러일으킴으로써, 그러한 삶의 일상적인 안전과 단조로움을 깨뜨린다. 이처럼 그는 생산력을 자극한다."

그리고 그는 계속 이어 간다. "범죄는 소유권을 공격하는 새로운 수단들을 끊임없이 찾음으로써 범죄를 방어하는 새로운 수단들을 계속 낳는다. 그 결과 범죄는 파업에서 비롯되는 것과 같은 생산적인 자극을 기계화에 제공한다. 사적인 범죄의 영역을 제외하면, 세계 시장은 국제적 범죄 없이 생겨났을까? 그리고 국가 자체는? 그래서 아담 이래로 죄의 나무는 과학의 나무가 아닌가?"[57]

**
**

　우리 논의의 맥락으로 돌아오자. 카인은 살해자이다. 물론 우리는 그가 어떤 성스러운 변덕의 표현으로 간주할 수 있는 것에 반응을 보였다고 생각할 수 있을 것이다. 그러나 그래도 역시 처음에는 자신의 행위의 심각성에 대해 인정하기를 거부한 살해자이다. 그가 처벌이 아니라 복수의 대상인 것을 두려워하면서, 자신의 범죄를 인정하게 되는 것은 그를 범죄자나 배척받은 자의 상태에 이르게 한 선고를 알고 난 후이다. 그는 자신의 운명에 안심할 것이다. 그러나 지불해야 할 대가는, 그가 되고 싶었던 농부에게는 끔찍할 것이다. 그는 영원히 **무국적자**이고, 조국이 없는 자이며, 떠도는 자일 것이다.

　살해가 필요 불가결해 보이고, 형제 살해가 도시와 문화 건설의 원리 그 자체에 있다면, 구조의 절점(切點)은 잘못에 대한, 필요한 인정이다——비록 그 인정이 독단적 행위에만 반응한다 하더라도.

　그런데 모든 잘못——그리스도교가 진술하는 것과는 반대로——은 죄가 아니다. 즉 **잘못은 타자에게 행한 모욕에 속하고, 도시가 관리하고 처벌하도록 하는 모욕에 속한다.**[58] 게다가 살인자 카인은 그의 신성한 대화자에 의해 죄인으로 취급되지 않았다. 그의 '이름은 지워지지 않았고' 그의 후손은 아담의 자식들에게 모든 가능한 예술과 기술의 형태를 제공해 주었다. 물론 그의 잘못은 현존한다. 그러나 그것은 인정되었다. 이러한 이유로 그의 잘못은 족장들이 아니고 더구나 성인들도 아닌, 분화된 주

체들의 계보 속에 우리를 기입할 수 있다.[59]

창설 행위가 그 모범성 속에서, 그리고 그 예외적 성격 속에서 인정되기 위해서는 선조에 의해 실행된 이러한 살해의 국면을 거쳐야만 했다. 또한 창설 행위에 대해 남아 있는 모든 거부는 치명적이고도 하찮은 반복 속에 사회를 투영하는 데 적합한 어떤 끔찍한 도착에 속한다.

우리는 이러한 살해를 이제 어떤 논리적 총체를 구성하는 하나의 드라마로 읽어야 한다. 이러한 총체 속에 희생자 아벨, 살해자 카인, 화자-증인과 성스러운 인물이라는 토템적 동물의 희생이 새겨질 수 있을 것이다.

이러한 총체는 인류의 시초에서 뿐만 아니라 변화기에도 창설 행위, 즉 살해를 재등장시키지 않고 지나갈 수 없었던 그 드라마를 카인과 아벨 사이에서 불평등하고 불균형적으로 공유한다.

문명 속에서 지배하는 실제적 불안은 이 〈창세기〉장의 실제성을 새겨두고, 우리가 이 세기에 인식되었던 다음과 같은 악의 경험들을 참조하지 않을 수 없도록 한다. 그것은 독일·이탈리아·일본의 그 화신들 가운데서, 그리고 더 최근에는 동일한 공간과 동일한 시간 속에서 끔찍한 자질, 끔찍한 결함을 보여 주고, 서로 다른 **형제**들이 서로를 파괴하는 그러한 대치 속에 있는 국가사회주의 이데올로기의 결과들이다.

처음에는 독일 제3공화국(히틀러), 이어서 그 이탈리아의 사촌(〈파시즘과 인종의 문제〉라는 부제로 《이탈리아 신문》에 실린 1938년 7월 14일의 인종법), 마지막으로 비시의 프랑스처럼 점령자들의 욕망을 종종 능가했던 점령지 국가들의 인종법은 우선 구별되지 않는 자들, 거의 다른 자들, 유대인들에 해당하는 완전히 다른 자들을 구별하고 표시하는 것을 목적으로 삼았다. 지배족으로 자칭하고 신성의 자리를 차지함으로써, 그들은 그들 역사의 카인 가문을 지명할 권리를 가로챘을 것이다. 이 이상한 전도는 경멸의 교훈으로부터 나왔고, 어떤 것도 멈출 수 없는 것처럼 보였던 꺼지지 않는 증오에서 나왔는데, 이러한 증오는 카인을 유다와, 유다를 유대민족 전체와 동일시했다. 그 본질에 있어 비극적인 이러한 전도는 타자에게 자신의 실존을 부인함으로써, 그러한 전도를 실천했던 나라들에 대해 시민들의 일부를 잠재적 혹은 실제적 암살자들로 변경시킨 윤리적 재앙을 가져왔다.

그러나 독일인의 일부가 자신들의 잘못을 인정했고, 어떤 방식으로든 독일이 정치적 생각 대신에 증오의 분출을 받아들였다면, 그들을 **모든 이타성이 없는 타자**——유대인 문제 위원인 끔찍한 다르키에르 드 펠르푸와의 용어를 다시 취하면 이(蝨)들——로 간주했을 모든 사람들을 인류로부터 추방하도록 그들에게 권리를 부여했던 현기증에 취한 다른 국가들은 거부로 그들의 책임성, 종종 범죄 자체에 타격을 가했다.

바로 카인 편에 자리잡은 그들은 오늘날 "내가 내 형제의 보호자인가?"라고 물을 수 없다. 왜냐하면 이러한 타자는 어떤 경우에도 멸시받고, 증오받고, 저주받은 형제가 될 수 없기 때문이다. 이 타자는 아주 단순하게만 존재하지 않았다. 왜냐하면 타자의 살해 거부는 처음에는 자신의 주관성 속에서, 다음으로는 자신의 인간성 속에서, 마지막으로 자신의 생활 속에서 자신의 실존 자체를 거부하기에 이르기 때문이다.

단지 살해와 배제의 제스처만 고려하는 문명 속에서 살해자의 인물에 대한 이러한 강조는 여전히 오늘날도 쉽게 읽힐 수 있다.

자크 베르탱은 그의 시평 〈악랄한 쾌락〉에서 다음과 같이 썼다. "치욕은 매일 우리를 하찮은 것으로 생각하게 한다. 그것은 일종의 담즙이다. 그것은 결국 영혼을 지치게 만든다. 우리는 아우슈비츠에 17세에 강제 수용된, 한 젊은 공산주의 레지스탕스인 엘렌 자쿠보비츠에게 파리의 한 거리의 이름을 부여하는 것에 대해 이야기했다. 그러나 도시 계획 시장 보좌관인 안-마리 쿠드룩은 선택된 거리가 너무 번잡하다고 생각했다. 그녀는 이러한 경의의 표시가 유대인 배척자들의 반작용을 가져오지 않을까 ——얌전히 있어라—— 두려워한다. 그것은 눈물을 흘릴 만한 일이다. 그리고 여기서 나를 치욕스럽게 만드는 것은 유대인 배척자들이 아니라 국민의 선택자의 비겁——따라서 공화국의 비겁이다."[60]

상식과 선의에 가득 찬 이 여성의 구변 좋은 말은 증오를 통해 나온 말이다. 사실상 "그것이 증오를 불러일으킬 것이다"라는 점을 고려하는 것은, 그 실존을 인정하는 것과 같지 않다. 그것은 그 결과를 꾸며내기를 주장하는 그 사람에게 있어서 '이미 거기에 있는 증오'의 표시이다. 그것은 증오에 선행하고, 도시 속에서 함께 구성해야 하는 평범한 일상적인 삶의 한 요소로서 그 증오를 포함해야 하는데, 그러한 삶은 이제 시민들 모임의 생활이기를 그치려 하고 있다.

가장 멀고도 가장 가증스럽지만, 갑작스레 선언된 가장 가까운 타자를 제거하는 이러한 방식은 "살해는 일어나지 않았다"라거나, 더 나쁘게 "살해는 그렇듯 광범위하게 일어나지 않았고, 따라서 살해는 일어나지 않았다"라고 진술하는 이러한 거부의 회귀를 수반한다. 그러한 말들에 중요성을 부여하고, 그 말들을 모든 애도의 작업과 분리할 수 없는 승인을 받아야 하는 것으로 간주했던 잘못, 그 잘못은 가장 흔히 하나의 죄에 불과한 것으로 축소되었다. 그 이후로 많은 사람들은 최상으로는 그들의 잘못을 뉘우치고, 최악으로는 스스로 용서를 구하는 수고도 하지 않은 채 비시 정부법의 희생자들(세티프나 마다가스카르의 대학살)에게 용서해 달라고 요구함으로써, **행위**라는 이름의 가치 없는 회개 행위를 하는 것으로 그쳤다. 이러한 태도는 잘못이 야기하는 상징적 담론의 완성, 즉 타자의 실존 자체에 대한 거부의 인정, 사회가 그 희생이 되고 그 사회가 따르는 반복을 통해 창설 신화들(자유, 평등, 박애)을 파괴할 위험이 있는 도착의 인정을 금한다. 배척하는 사람들에게 죄의식을 갖게 하는 것은 이러한 반복의 결과를 조금도 몰아낼 수 없다. 주기적으로 "당신은 당신이 그 실존을 거부하는 가장 가까운 이 타자, 당신의 형제를 어떻게 했는가?"라고 묻는 데 그치는 검열자의 역할을 하는 것은 "나의 벌은 너무나 심해서 감당할 수 없다"라는 카인의 말, 즉 도시 속에서의 작업에서 잘못과 유죄성의 문제를 제기할 수 있는 유일한 말에 접근하는 것을 방해한다.

결국 최초의 살해자——우리의 논의에서는 카인——의 범죄와 유죄성은 인류의 역사 속에서 어떤 구조적인 시간을 잘 형성했는데, 그것이 없다면 인류——**유일한** 사랑의 감정에 조종되는——는 불구가 되고, 거짓되고 허위적이었을 것이다.

우리는 그것을 안다. 즉 유일한 사랑의 이름에 맡겨졌던 것은,

차이를 지우는 경향이 있는 합의된 역사가 사회의 주변, 증오의 주변에서 사람들이 일반적으로 지지하는 것처럼, 말하자면 사랑의 이면이 아니라 반대로 모든 사랑의 감정——이것이 없다면 어떠한 사회 관계도 유지될 수 없을 것이다——의 근원적인 부재를 불러일으키는 것과 마찬가지로 가장 나쁜 폭력의 원리에 속한다.

따라서 악을 거부하기 위해서가 아니라 악이 작용하는 거기에서, 즉 타자의 이타성과 그 주체성에 반하여 그 악을 인정하기 위해서, 사회 속의 작업에서 악을 고려하도록 하는 것은 타자——모세 오경이 '형제'라고 명명하는 것——의 인정을 통해서, 법이 항상 제한해야 하는 사랑을 통해서 형성된 총체이다. 이러한 인정은 죄의식화가 아니라 승인에 속한다. 담론이 거울 관계, 자신의 고유한 이미지를 보호한다는 구실하에 한쪽이 다른 한쪽을 파괴하는 증오를 품은 대면을 단절하면서, 제3의 요소, 상징적인 요소를 도입할 수 있는 것은 그때, 단지 그때뿐이다. 독자는 그것을 이해할 것이다. 카인은 그가 자신의 형제로서 인정할 수 없고, 더 이상 떨쳐 버릴 수도 없는 타자에 사로잡혀 있는 **너무나 인간적인 인간**과, 동시에 결국 자신의 잘못을 인정할 수 있었고, 자신의 범죄로 그를 처벌했던 판결을 받아들일 수 있었던 살해자를 표상한다. 이러한 도정은 자신의 후손들——그들 스스로 사라지기 전에——에게 우리 모두가 태어나는 사회의 형태들을 창설하도록 허용할 것이다.

이러한 유일한 도정의 연속을 거부하는 것은 일종의 문화와 문명의 도착을 형성하고, 범죄를 인정하는 것에 대한 거부——하이데거와 같이 대단한 사상가를 잘못이 아니라 어떤 '어리석음' 처럼 1933년부터 1945년까지의 나치주의에 대한 자신의 지지에 관해 말하도록 이끄는 것과 유사한 거부——를 만들어 낸다. 이러한 부인의 결과는 끊임없이 **동일자**에 대한 숭배의 이름으로, **대타자**에 대한 거부의 이름으로 돌아온다.

주석이나 일반화를 문제삼지 않는 모세 오경의 다른 해설자들은, **전설**에 따르면 카인은 아벨과의 최후의 만남 이후에 자신의 형제에 대하여 신랄한 비난을 퍼부었다고 말한다. 그런데 라시는 텍스트의 독서에서는 이러한 가설(증인의 잘못)에 일관성을 부여할 수 있는 것은 아무것도 없다고 강조한다.

카인과 아벨이 무슨 말을 할 수 있었던가? 그들이 무슨 말을 할 수 없었던가? 농업 지대의 이 저주받은 장소에서 증인들의 부재는 분명 모든 말을 불가능하게 만들었다.

두 형제 사이의 이러한 교환의 비밀은 영원히 침범되지 않은 채 남아 있을 것이다. 우리는 과묵한(모세 오경 속에 한 문장도, 한 마디도 그에게 부여되지 않았다) 아벨이 아무런 예고도 없이 카인의 영지에——관습과는 반대로——나타났고, 두 형제 사이의 **대면**이 인류가 횡단하는 각 위기마다 그랬던 것과 같이 역사로부터 가려진 듯이 보이는 신성의 부재 속에서 이루어졌을 거라고 상상할 수 있다. 따라서 아벨은 그 급작스런 죽음이 주체의 아연실색함, 초월의 요원함과 신성——이러한 신성은 모세 오경의 편집자들과 그 독실한 해설자들에게는 정확히 말해서 존재하지 않는 것으로 드러난다——의 근원적 부재의 상징으로 남는 무언의 피살자일 것이다. 폭력과 저주, 그리고 사람들이 형제의 증오라 부르는 증오의 진수를 통해 그에게 실존을 부여하는 것, 그것은 비정치적인 사회, 사회 관계에 내재하는 긴장 가운데서 합의성을 함양하는 데 적절한 이러한 통일적인 정서, 즉 증오와 그 필연적 귀결, 신과 도시의 개념 자체의 사상에 관한 그 부제(副祭)들——신부, 랍비, 회교의 지도자——의 이름으로 한 파괴를 정착시키는 그러한 사회가 전념하는 것이 아닌가.

5

제도와 증오

이 지점에서 나는 나의 논의가 장-프랑수아 드 소베르작에게 불러일으켰던 문제들로부터, 이러한 증오의 개념을 정확하게 밝혀 보기 위해 그와 대화할 수 있기를 바랐다.

이 대담의 이차 가공은 우리가 1996년 7월 20일 토요일 오후에 주고받았던 이야기에 충실한 채로──한 가지 예외를 제외하고는[61]──남아 있다.

소베르작 증오에 관한 당신의 상이한 논문들이 어떻게 일반적으로는 제도의 문제에, 특별하게는 정치·정신분석 제도의 문제에 연결될 수 있는가? 특히 증오가 지식을 탈가정하는 라캉의 사상과 동성애자가 차이를 증오한다는 당신의 사상이. (동성애자는 스스로 이러한 차이를 제기하고 요구하는데도.)

아 순 동성애자들에 관해서, 나는 그들 가운데 몇몇에게서 차이의 찬양이 일반적으로 육체의 극단적인 이미지화에 이른다는 점을 상기할 것이다.

최근의 인기 여배우들이 여장한 성도착자들에 의해 구현된 것은 우리를 놀라게 할 만한 것이 못 된다. 그들은 **표상의 혼동**이 과도하게 성적 구조화된 스펙터클한 미분화의 형태에 일관성을 부여할 수 있다는 것을 과시하기 위해, 그들이 발휘할 수 있을 매력이나 희화화를 넘어서조차 차이를 강조한다. 이렇게 함으로써, 그들은 이미지를 위해서 뒤틀리고 전복되었을 수 있는 차이가 없다는 증거를 제공하려 한다. 이러한 이미지, 상상계에 대한 우위는 차이를 거부하고, 단지 '보게 하기 위해' 육체가 지니는 차이, 차이의 실제를 거부하려는 시도에 불과하다. 이것이 또한 몇몇 동성애자들의 고통이다. 그들은 스스로 남자임을 잘 알고, 남자로서 살아가고 자신을 소개하며 행동한다. 그러나 그들 마음속에는 그들이 자연의 실수의 숙명적 산물이라는 절대적 확신이 존재한다. 여기에서 이러한 차이를 지우려는 절망적 시도가 생겨난다. 게다가 이러한 긴장이 특히 현동화에 이르지 못할 때, 증오에 찬 절망 이외에는 다른 출구가 없다는 점은 놀랄 만한 일이다. 그들의 원래 육체에 대한 증오, 그들이 남자의 육체로 보여 주는 타자들에 대한 증오, 그들의 외모에 속지 않는 사람들——그들은 사람들을 설득했지만——에 대한 증오. 항상 정체가 폭로될 우려가 있는 그들은 엄청난 고통과 함께 자아 이상에 반하여 이러한 증오를 체험한다.

그러나 보여 주려는 의지, 내가 성적인 고깃덩어리, 장기라 부르려 했던 것을 과시하려는 의지는 차이에 대한 증오의 또 다른 측면이다. 프랜시스 베이컨이 그의 마지막 시기의 작품에서, 그의 환상이 아니라 그리고 또한 우리 이야기의 가장 후미진 곳을 살펴보라고 우리에게 명하는 불안하고 고통스럽고도 숭고한 작중 인물들이 아니라, 거세에 대한 모든 위험 속에 투영된 보증처럼 직사광선 속에 투영되기 위해 그늘로부터, 명암으로부터 추방된 남성의 그 부분, 즉 페니스의 표상, 반복 속에서의 그 **비통한**표상을 통해 전적으로 요약된 육체의 조각들을 우리에게 넘겨 주는 것은 이러한 연유에서이다.

그 대상을 보여 주기를 원하면서 거기에 도달하는 욕망의 가공되지 않은 이미지를 위해서 환상의 구멍의 증인이 되었던 우리는, 표상 불가능한 것을 형상화하려는 시도에 참여하지 않는가?

그런데 상상적 남근 대신에 발기한 페니스로 보여 준 이러한 집중적 형상화는 성적 장기의 과시가 차이를 위해 증오——그러한 차이를 지탱하는 과시와 거부가 새겨 놓은 증오——를 잘 감출 수 있다는 점을 생각하게 한다.

그러나 여전히 그 차이를 과시하는 것은 또한 증오에 대한 일종의 항의이고 반응이다. 그것은 그 표명 속에 감춰졌거나 터져 나온 증오의 현존으로 증거를 보여 주는 자아의 확인과 원한에 속한다.

당신 질문의 첫번째 부분에 관해서 말하자면, 그것은 나에게 증오가 무엇보다도 타자의 파면, 지식의 이하(以下)에서 주체를 투사하는 파면을 내포한다는 점을 상기시킨다. 즉 어느 순간에 공통의 언어 활동에 속하는 것이 사라져 버린다. 공유된 것이 갑자기 그러기를 그친다. 이러한 갑작스러움은 단지 외적인 것에 속한다. 왜냐하면 그것은 차례로 알 수 없는 그 무엇이 자리잡고, 인간성 상실의 요소로, 사회 관계와 이 관계를 더할나위없이 잘 형성하는 것, 즉 사랑의 실패로 변하게 될 하나의 긴 과정의 끝에 있기 때문이다. 이 시간은 이 끝이 엉뚱한 것처럼 보이고, 언어에 있어서는 생소한 것처럼 보이는 시간이다. 그것은 특히 주체——**쾌락 원칙**이 배제된——가 어떤 요구를 표명할 수 없게 되는 때이다. 또한 증오에 사로잡혀 있는 자는 파괴하는 향락의 유일한 영역에서 살아갈 것이다.

사랑의 요구에 대한 가림 때문에 탈주체화된 주체는 이러한 파괴를 외부로, 처음에는 모든 지식, 다음에는 모든 이타성, 마지막으로 모든 인류를 탈가정하는 사람들을 향해 몰아낸다.

부재, 사랑의 기표들의 가림은 증오의 원인이다. **이것이 내가 증오를 사랑의 이면이 아니라 그 중단으로 간주하는 이유이다.** 그런데 증오감의 원리인 지식의 탈가정은 극단적 폭력과 더불어 분석가들의 환경을 만드는 것 같다. 분열, 해체, 이러한 성운—— '분석 제도'[62]라고 완곡하게 불렸던——을 구성하는 각 집단의 내부에 존재하는 긴장은 항상 다음과 같은 비난에서 비롯된다. "그 사람들은 알지 못하고, 무식하고, 규칙 속에 있지 않고, 라캉의 글쓰기나 프로이트 이론의 정통성 속에 있지 않다." 또한 사람들이 타자에게 모든 지식을 탈가정하는 것은 학설이 된 지식의, 토대가 되는 텍스트의 이름으로서이다.

분석 이론의 내부 자체에 있는 모든 발명의 경향에 반대하는 탈가정-알리바이. 새로운 이론의 길을 트는 사람들과 마주하여 교리의 옹호자들로 자임하는 사람들의 지표는 훼손된 것으로 판명되고, 그것은 권력을 잡기 위해 투쟁하고(종종 그 점을 인정해야만 하는데) 목적을 달성하기 위해 이론적 불일치의 알리바이를 이용하는 거물들의 하찮은 논쟁을 넘어서 있다. 그럼에도 불구하고 정통성은 아주 철저하게 갈라서기 전에, 상호간에 돌아가면서 칭찬하는 데는 방해자이고 훼방꾼인 자를 제거한다는 구실로 내

세워져 있다. 따라서 제거하기로 예정된 사람들에게 타격을 가하는 것은 정말로 지식의 탈가정의 화신인데, 왜냐하면 그것은 교리 옹호자들의 이론적 구성의 극단적인 허약성을 드러내기 때문이다. 타락한 작업 전이의 공간에서 소문으로 던져졌던 그러한 제거는 점점 집단 전체에 이르고, 그 집단 전체에 있어서는 폐기가 기정 사실로 된다. 모든 근원적 이론의 개척이 "그가 발명하면, 그는 알지 못한다는 것이다"라는 지식의 탈가정의, 무지의 작가에게 역설적으로 증언했던 것처럼 "모든 것이 일어난다"는 것(도착의 공식)이 학설을 충분히 요약하는 공식이요, 그에게 가해진 비난이며, 가혹한 증오의 서막이다. 우리는 또한 모든 격리, 모든 배제가 끊임없이 이러한 탈가정의 최종 형식인, '탈사랑(désamour)'의 이름으로 이루어진다는 것을 확신할 수 있다.

소베르작 당신의 주장은 두 가지 다른 영역과 관련이 있다. 블라디미르 그라노프는 라캉이 분석가들에 관해서 자신에게 말했던——틀림없이 다른 사람들에게도 말했을——문장 한 구절, "그들은 안다는 사실을 모른다"를 인용했다. 이 경우에 학설이 아니라 분명히 그들의 분석 경험이 문제가 될 것이다. 그의 생의 어느 한 시기에, 그는 자신의 이론을 학설로 변형시켰기 때문인데, 모든 과학적 작업에서처럼 아직은 제도화된 지식 속에 있지 않은 발견의, 이론의, 그리고 이어서 학설의 시기가 있다는 사실을 우리는 말할 수 없는가?[63] 이처럼 우리는 프로이트가 종종 이리저리로 방향을 바꾸는 것을 본다. 그가 사제 피스터에게 "무엇이 당신으로 하여금 충동의 분할을 인정하지 않도록 합니까?"라고 쓴 것을 생각한다면, 정신분석이 지식 속에서, 무엇보다도 제도 속에서 예외적인 지위를 갖는다면, 다른 영역들, 예를 들면 과학의, 대학의 영역, 즉 지식 옹호자의 영역 속에서 반복되는 것이 반복될 것이다. 라캉은 그 점에 대해 비판했다.[64] 분석 제도의 위험 가운데 하나는 그 제도가 항상 어떤 정통성, 지식의 정통성을 유지하고자 한다는 것이 아닌가? 그런데 라캉은 만년에 "각자는 정신분석을 발명하고 재발명해야 한다"라고 선언했다. 분석 제도에 내재하는 모순은 그것이 지식의 유혹을 갖는 반면에, 그 지식을 전복하는 것에 바탕을 둔다는 사실에서 나오지 않는가?

아 순 그러한 지적은 나의 가설을 명확하게 밝히고 확장하도록 해준다. 다른 영역에서와 마찬가지로 분석 환경에서 전파된 이론의 새로운 독서는 스승, 창설자를 손상시킬 우려가 있다. "우리는 이 틀 속으로 흘러들기가 매우 힘들었다. 우리는 스승을 모방하여 글을 쓰려고 몹시 애를 썼다. 오늘날 어떻게 이러한 밀착을 의심하겠는가? 우리가 채택하는 데 엄청나게 어려움을 겪었던 앵무새처럼 흉내내기를 어떻게 재검토하겠는가?" 어떤 이론적 수정에 관한 초안은 다음과 같은 의혹을 불러일으킨다. 그것은 아첨꾼들이 비문처럼 불변하고, 종교의 교리처럼 이론의 여지가 없는 것으로 보존하기를 바랐던 텍스트의 이해 속에 무질서를 도입하려는 일종의 의지임이 틀림없다.

그러나 그것은 우리 분석가들이 망각하는 또 다른 요소이다. 즉 우리 모두는 전이의 결과에서 생겨났다. 일주일 이상의 분석을 받지 않았지만 종종 매우 주의 깊게 이론 저작들을 읽었고, 그런 저작들을 서둘러서 카드에 기입해 두었던, 다시 말해 다소 장기적이고도 미개척 상태로 두었던 **미확인 물체들**——이런 표현을 허용한다면——을 제외하고는 일반적으로 분석가들은 거의 스승의 전이에 사로잡혀 있다. EFP(파리 프로이트학교)의 해체에서 생겨난 분석 집단까지를 포함해서. 종종 그들 창설자 어느 누구도 자신의 고유한 분석가의 보증을 추구하지 않았다. 그러나 모두가 자신의 분석가의 전이에 사로잡혀 있다. 또한 내가 '발명' 또는 단순한 이론적 혁신이라 불렀던 것은, 자신의 분석가와 여러 가지로 관련된 전이와 이 전이 관계 속에서 생겨난 지식의 훼손처럼 보일 수 있다. 그러나 여러 가지로 표명된 새로운 가설들은 최초의 분석가에 대한 파면으로 이해되고, 협회의 이러저러한 다른 구성원들에게는 '탈존재(désêtre)'의 반복된 경험을 하게 할 우려가 있지 않은가? 이러한 새로운 개척은 틀림없이 각 분석가의 분석 종결을 살피게 된다. 왜냐하면 가장 사소한 이론적 전치——학설 내부에 있는 환유——가 분석가의 욕망에 관한 문제 자체를 되던지기 때문이다.

그런데 **순수 욕망**의 가상적 시간이 분석자가 분석가로 되려는 순간에 전이 속에 나타나는 것이 사실이라면, 우리는 이론적 지지에 대한 모든 대립이, 비록 그것이 미묘하고 사소하다 하더라도, 자신들의 고유한 분석의 역사와 마주한 분석가들에게는 작은 지진을 가져올 수 있는 이유를 알고 있다.

분석 집단에 있어서 이러한 매우 특별한 차원을 강조하는 것이 나에게는 중요해 보였다. 특히 권력에 대한 유일한 욕구——언제나 하찮은——가 있는 이런 환경 속에서 허용되는 폭력과 야만스러움을 줄이는 것은 사회 관계의 근원적 실패의 진정한 쟁점에 대한 인정을 방해하는데, 이러한 실패에서 협회는 종종 다음과 같은 엄청난 고통과 마주치게 된다. 주체를 주체화 과정의 가장 내밀한 상태에 이르게 하는 지식의 탈가정은, 거의 실험적인 방식으로 분석가들의 **형제애**를 파괴하는 증오의 메커니즘이 자리잡도록 한다.

지식의 탈가정에 이르는 시퀀스는 광증과 우울 사이에서 분석 종결을 특징짓는 것처럼 보이는 순간을 재검토한다. 또한 이론의 이러저러한 요소를 약간 다르게 이해할 수 있다고 진술하는 것을 정당화하는 사람은 누구나 치료 종결시에 형성된 지식의 탈가정의 거부를 도입하는 것으로 통한다. 그는 증오의 원인 주체, 선동자, 종종 어떤 협회의 이러저러한 다른 구성원을 가로지르는 분석되지 않고 완전히 감춰진 이러한 폭력 부분의 누설자가 된다. 사랑의 차원에서 이러한 전이에 대한 재검토는 선동에 해당되고, 참을 수 없는 일에 속한다. 나의 관점에서, 그것은 이러저러한 협회를 흔드는 동요의 원동력 중의 하나이다.

소베르작 간추려 보면 다른 단체들과 마찬가지로, 그러나 그 이상으로 분석 단체는 아주 단순하게 프로이트 위상학들 중의 어떤 이미지를 재생하지만은 않는 것인가? 자아의 기능은 제도 자체에 의해 수용되었기 때문에 항상 운동을 정리하고, 모난 곳을 없애야 할 의무가 있었다. 비록 비교하기는 쉽다 하더라도 우리는 심리 기제의 내부에 있는 충동의 공격을 생각한다. 이러한 상황은 분석 제도와 그 불균형의 창설 자체에, 그리고 또한 그 필요성의 창설에 있지 않은가? 많은 제도들이 외부와의 갈등을 극복하는 데 주요한 목적을 갖고 있는 것처럼 보이는 반면에, 분석 제도는 원하든 원치 않든 내적 갈등을 거부하지 못하고 이러한 갈등으로부터 조직된다. 이런 상황은 이미 프로이트 시대에 존재했는데, 그는 자기 식대로 분쟁을 해결했다. 프로이트학교의 해체 이후에, 그리고 라캉이 죽은 이후에 더욱더 세분화가 이루어졌던 사실은 아마도 거기에서 비롯되는 것 같다.

아　순　분명 그렇다. 내가 '분석 집단'이라 부르는 것은 어떤 하나의 집단으로 환원될 수 없다는 점을 강조해야 한다. 물론 그 집단은 다른 집단들의 결점들을 묶인한다. 권력에 대한 투쟁, 사무총장이 되려는 어떤 이들의 음모는 도처에 존재하고, 우리가 상상하는 이상이다. 다른 한편으로, 분석 집단들은 증오스런 제명이라는 대사업 속에 뛰어들지 않고는 견뎌낼 수 없는 중대한 문제들을 제기하지 않기 위해 때때로 갈등이 은밀하게 자리잡도록 내버려둠으로써 단기간의 갈등을 조절한다. 그런데 분석 집단들은 긴장을 거부하기보다는 오히려 그것이 폭발하기를 기다림으로써, 갈등과 창설의 원리 자체에 있는 이론적 쟁점들을 설정해야 할 것이다. 어떤 갈등이 침묵 속에, 그리고 그 대상의 오인 속에 고정된 채로 있을 수 있다는 것은 비극이다.

그러나 그것은 또한 다른 비극적인 위험에 속한다. 모든 제도적 생존에 내재하는 긴장의 거부는 종종 이러한 주동자들의 육체적 또는 심리적 파괴로까지 갈 수 있다. 아니면 갈등은 아무도 손댈 생각조차 못하는 어떤 영속적 상태가 된다.

우리는 어떤 갈등의 도그마를 생각할 수 있는가? 갈등이 필연적으로 주동자들에게서 벗어날 수 없는가? 따라서 그러한 갈등을 제도 속의 이론적 작업에 넣어두어야만 하는가? 왜냐하면 그것이 나르시스적 위엄에 관한 쟁점들만을 감출 때, 그 갈등은 권력을 얻고 보존하는 수단에 불과한 것으로 환원된다. 이런 상황은 우리를 동성애자가 제기하는 문제에 이르게 한다. 사실상 동성애자는 차이를, 비극적이고 그로테스크하고 죽을 지경에 이를 정도로까지 차이를 요구한다. 그러나 동시에 그가 직면한 것은 **차이의 부정, 특별한 차이의 부정**에 있다. 그것은 동성애의 관계가 집단들 속에 존재한다는 가설에 상반되는 것처럼 보일 수 있을 것이다. 그러나 조직된 무리와 집단 속에 동성애 관계가 있는 것은 분명하다. 프로이트는 그 점에 대해 가설을 내세웠고, 라캉은 자신의 견해에 따라 그것을 수정한다. 그런데 이 관계는 거부 속에서 실현되고, 고착된 동성애와 관련이 없다는 조건하에서만 존재한다. 그는 집단 내부에서 사랑이 어떻게 작용하고, 다른—동일자를 어떻게 사랑할 수 있는가를 알고자 하는 문제를 제기한다. 어떻게 동일자를 사랑하고 사회 관계가 실제로 존재하게 하기 위해 동일자 속에 충분히 차이를 설정할 수 있는가? 동종 접합의 두 쌍둥이 형제나 자매 사이의 동성애적 · 근친상간적 사랑이라는 극단적인 경우에 어떻게 차이를 생각할 수 있는가? 그러나 이러한 **동성애**의 형태가 집단 속에서 작동중이면 증오에 바탕을 둔 또 다른 형태는 동일자에 대한 신앙을 수립하고, 모든 차이를 몰아내고 타자의 욕망을 금지로 타격을 가하는 것 같다. 게다가 내가 앞서 환기했던 현상들, 즉 제도 속에서 위기에 처하게 한 것은 동일자 속에서 이해할 수 없고, 위험스럽고, 미칠 지경으로 만들고, 증오와 사랑의 기표들의 철회를 유발하는 차이의 개입을, 불일치를 무너뜨리는 데 있는 절대적이고 광적인 욕망과 관련이 있다.

소베르작 왜 사랑에서 증오로 되는 이런 변형이 일어났는가?

아　순 물론 우리는 사랑의 철회가 결국 무관심으로 될 수 있다고 상상할 수 있을 것이다. 그러나 여기서는 **사랑의 기표들**의 철회, 다시 말해 어떤 분석 관계 속에서 형성될 수 있는 유일한 지식의 탈가정과 관련된다. 그것은 전이를 형성할 다른 가능성이 없음에 따라, 전이를 통해 지탱된 것이다. 그것은 치료 도중에 증오가 침입하는 순간들이다. 그러나 이 증오는 분석가라는 개인을 조금도 연루시키지 않지만 안다고-가정된-주체를 연루시킨다. 이 경우에 증오를 긴의자(분석자의)에서 팔걸이의자(분석가의)로나 그 반대로 주고받는 핑퐁 시합으로 변형시킴으로써, 분석자와 갈등에 돌입하는 일이 생겨날 수 있다.

우리의 논의로 되돌아가자. 분석 제도에서 분석될 수 없어서 공유될 수 없는 어떤 지식의 존재가 확인될 때 증오가 솟아난다고 생각할 수 없는가? 거기에서 이론에 대한 증오가 생겨나고, 분석가에 대한 증오, 분석자에서 분석가로 이행하는 시간, 즉 우리 모두가 알고 있고 치료 종결의 이론화에 연결된 어쩔 수 없는 어려움에서 중단된 것처럼 남아 있는 시간에 대한 증오가 생겨난다.

이 점에 관해 마지막으로 고찰할 것이 있는데, 이번에는 오이디푸스와 관련이 있다. 어느 날 내가 몇몇 동료들에게 말했던 문제가 생각난다. 나는 스핑크스[65]가 왜 자살을 했는지 생각해 보았다. 나는 오이디푸스 답변 속에는 스핑크스가 그에게 어떤 지식을 전달하도록 만들었던 것이 없었다는 사실을 지적했는데, 그러한 지식은 표명할 수 없어서 스핑크스가 자살을 통해 과시적이고 구경거리가 될 만한 방식으로, 행동으로 보여 주었음이 틀림없다. 사실상 오이디푸스의 대답은 불충분했다. 어린이, 성인,

노인이라는 인간 존재의 세 시기를 상기시킨 후에, 그는 아마도 분명 "그 인간은 죽음을 면할 수 없다"라고 덧붙였을 것이다. 따라서 스핑크스는 죽음을 과시해서 보여 주지 않을 수 없었다.

소베르작 《스핑크스》라는 책에서 클라인 이론의 영향을 받은 게자 로하임은 신화 속에서 스핑크스가 원초적 장면과 결합된 친족의 이미지라는 점을 증명하려고 애쓴다. 영원에서 죽음으로 추락한다는 사실 속에서, 스핑크스는 말하자면 지식의 탈가정의 이미지를 갖는다.

당신의 말을 들으면서 생각이 하나 떠올랐다. 우리는 《대중심리학과 자아의 분석》에서 동일시의 프로이트적 모델을 안다. 그 작품에서 그는 실제로 대중이 지도자를 이상화하고, 지식과 권력을 전제로 한다고 말한다. 공동체의 모든 구성원들은 그들의 자아 이상을 그에게 양도하고 모든 경계를 상실한다. 거기에서 군중이나 집단의 열정적인 운동이 나온다.

모든 종류의 집단, 특히 분석 집단의 기초가 되는 동성애와 관련하여 라캉은 명백하게 플라톤의 《향연》에 대한 본질적인 주석을 위한 세미나인 《전이》를 그에게 헌정한다. 그런데 라캉이 욕망과 사랑의 운동, 즉 변증법 속에서 플라톤의 눈에는 중요해 보였던 것을 소홀히 한 것은 이상한 일이다. 라캉은 사랑의 수수께끼, 집단 속에서의 사랑의 순환성에 관해 살펴보지만, 《향연》의 말미에서 플라톤이 흥미를 가졌던 것으로 보이는 것, 즉 우리가 상호간의 관계를, 그리고 구현된 사랑을 넘어설 수 있는 것을 옆으로 제쳐둔다. 마치 그 모든 것이 라캉에게는 자명하고, 어떤 철학적 전통에 속했던 것 같다. 이후에 라캉은 이 초월의 문제, 특히 아버지의 초월의 문제로 돌아온다. 그는 그것을 다음과 같이 두 가지 문제로 나누어서 생각했던 것 같다. 한편으로는 분석 제도의 관계로서 사랑의 문제와, 다른 한편으로는 궁극적으로 복종이나 이상화의 대결을 넘어서도록 하는 변증법이 가능한 한도 내에서의 사랑과 욕망의 문제. 그는 그런 문제들을 동일한 수준에서 생각지 않았다. 그런데 분석 공동체의 구성원들이 자신들의 제도에 대해 비난하는 것은, 그것이 비생산적이거나 보수적이고 종종 정통성을 고집할 뿐만 아니라, 당신이 말했던 것을 재론하면 발명의 변증법을 받아들이지 않는다는 것이다.

아　순 그가 분석가들에게 끊임없이 환기시켰던 참화와 같은 표현인 **순수 욕망**의 개념을 자세히 살펴본 것은 아니라도, 당신이 제기한 문제 전체에 어떻게 대답하는가는 진지하게 생각해야 한다. 나는 이러한 라캉의 표현을 불행한 말이나 다름없다고 생각한다. 불행하다는 것은 이론적 작업을 재개하는 사람들에 대해서가 아니라 그가 일련의 비극적 오해로 통하는 길을 열었기 때문이다. 순수 욕망은 주체의 윤리학의 창설로서 불행의 이상을 창조했다.

물론 프로이트에서 그의 표현에까지 이르는 노정을 살펴보아야 한다. 라캉이 우리를 데리고 갔던 고장은 긴급히 탐구해야 했던 정신분석의 **미지의 땅**이었다. 그러나 비록 라캉이 순수와 욕망 사이의 이러한 공교로운 연결로 되돌아왔다 하더라도, 그는 그래도 역시 매우 낙천적인 초탈을 조장하기 위해 프로이트의 비관주의에 등을 돌리는 정신분석의 개념을, 아마도 본의 아니게 끌어넣었다.

약간 뒤로 되돌아갈 필요가 있다. 당신도 알다시피, 나는 죽음의 충동, **쾌락 원칙을 넘어서**, 더 정확히는 이것이 없으면 주체의 이론은 들을 수 없는 것으로 남아 있을, 상실 · 욕망 · 죽음이라는 3인방을 중요하게 생각해야 한다고 제안할 때부터 라캉을 만나고, 그의 저작들을 접했던 사람들 중의 한 사람이다. 나는 당시에 주체화 과정의 원칙에 아이에 의한 근원적 애도의 횡단을 둠으로써 아이와 죽음을 결합시켰다.[66] 이러한 형성은 [죽음-아이][67]라 불리는 총체가 분석자에서 분석가로 되려는 아리안의 실로 사용되는 것을 지지한다.

사실 그것은 죽음이 화제에 오르고, 욕망이 **순수 욕망**으로 기록되는 분석 속의 시간, 우리가 분석가(그리고 그가 자주 드나드는 협회)에 대한 결과를 알아볼 수 있는 시간이다.

그런데 내 견해로는 라캉이 명명하는 것처럼, **존재하지 않는**이 [순수 욕망]은 분석가의 욕망에 할당될 수 없을 것이다. 반면에 그는 이것을 교육적이었던 것으로 드러나는 분석 종결의 이행 시간으로 규정했다. 참여를 주재할 환상과 시간의 잠재성이 있을 때 그 사용이 문제가 된다.

이러한 순수 욕망은 앙토냉 아르토가 다음과 같이 묘사했던 발리 댄스와 유사한 순수 연극성에 속할 것이다. "결국 발리 사람들은 극도로 엄격하게 순수극 사상을 실현하는데, 거기에서 실현으로서의 개념인 전체는 무대 위에서의 객관화 정도를 통해서만 가치가 있고 존재한다. 그들은 연출가의 절대적 우월성을 성공리에 보여 준다. 그들의 창조력은 움직임, 몸짓, 그리고 말을 제거하는 지적 기원에까지 미친다."[68] 이러한 이행, 즉 순수 욕망의 순간에 몇몇 분석자들이 마주치는 무시무시한 고독과 말의 제거는 무의식 속에 표상이 없는 것에 관한 수수께끼 같은 격언을 중단시킨다.

우리가 점진적으로 따라갈 라캉적 형성의 논리 속에는 어떤 모습도, 어떤 특징조차도 감춰진 채로 범주로서 결핍을 구성하고, 동시에 어떤 기표와도 관련이 없고, 기표를 벗어난 것으로 드러나는 것에 의해 야기된 이러한 욕망을 지탱할 수 없게 된다. 이 경우에 표현되는 것은 **사물 자체**인데, 이것은 항상 되찾는 것이 문제가 되는 상실된 최초의 대상……을 표상한다. 이런 이유로 그것은 주체에게 기호 −(−φ)로 색인된 형태로만 쓰일 수 있는 척도로 비길 데 없는 그의 욕망을 평가할 수 있도록 허용할 좌표가 될 것이다.

이런 승화의 순간(또한 숭고한 순간[69])에, 분석가가 되는 분석자는 **순수 욕망**에 사로잡혀 있다. 그것은 라캉의 텍스트 자체에서 생겨난 것처럼 보인다. 그 점을 납득하기 위해서 우리는 라캉이 철학자 엠페도클레스[70]에게 긴 페이지를 할애하여 썼던 〈정신분석에 있어서 말과 언어 활동의 기능과 영역〉을 우회해야 한다. "[……] 엠페도클레스는 에트나 화산 속으로 뛰어들면서, 인간들의 기억 속에 영원히 현존하는 죽음−을−향한−존재(être-pour-la-mort)의 상징적 행위를 남긴다.

인간의 자유는 전적으로 포기를 구성하는 삼각형 속에 기입된다. 인간은 자신의 예속의 과실(果實)을 향유하기 위해서 죽음의 위협을 통해, 인간의 삶에 한계를 부여하는 이유들을 위해서 자신의 삶의 수락된 희생의 위협을 통해, 그리고 인간이 자신의 지독한 고독에 내맡기는 스승에게서 자신의 승리를 빼앗는 패배자의 자살−단념의 위협을 통해 타자의 욕망에 포기를 강요한다.

이러한 죽음의 형상들로부터 세번째 것은 표현할 수 없는 형태를 회복함으로써 욕망의 직접적인 특성이 부정 속에서 최후의 승리를 되찾는 것을 거치는 최상의 우회이다. [……] [그것은] 우리가 죽음의 본능을 인정하는 가장 순수한 형태인 삶에 절망한 확신이다."[71]

따라서 엠페도클레스의 비극성과 같은 숭고한 형상은 라캉에게는 주체화 과정의 극단으로 해석된다. 그러나 이 발췌문에 이어지는 글들은 이러한 지적의 쟁점을 드러내 줄 것이다. "우리가 주체 속에서 [……] 상징들의 탄생에 있어서 기본적인 것에 도달하기를 바랄 때도 또한 우리는 죽음 속에서 그 주체를 찾는데, 거기에서 그 존재는 죽음이 의미를 지니는 모든 것을 포착한다. 주체가 타자들에 대해 자신을 입증하는 것은 사실상 죽음의 욕망으로서이다. 그래서 주체가 타자와 동일시된다면, 그것은 자신의 본질적 이미지의 변모 상태로 자신을 고정시키면서이다. 그리고 그에 의한 모든 존재는 죽음의 그림자들 가운데서만 환기되었다 [……]. 직접적인 욕망의 치명적인 모호성 속에서나 자신의 죽음-을-향한-존재의 충만한 승천 속에서 주체는 자신의 고독을 실현한다."[72]

라캉이 동일한 텍스트에서 분석 종결에 연결하는 기본적인 것, 언어 활동의 외부 중심, 선행성에 대한 이러한 참조들은 되찾아질 수 없는 것, 상실된 것 이전의 상실에 분석을 결부시키게 한다. 상실을 넘어서 이 용어의 가장 속된 의미, 간단히 말해 하나의 의미를 부여하기 위해 근원에 관해 논하려고 시도할 모든 논의의 난폭함을 객관화하는 무수한 단어들 속에서 종교적인 것, 신비로운 것을 제외하고는 아무것도 존재하지 않는다.

어떤 분석에서 분석가가 동일시를 초월해 있다면,[73] 모든 동일시에서 뒤죽박죽이 된 분석자는 상실의 용어 그 자체와 관련되어 있는 표상들의 총체를 만나게 될 것이라는 사실이 가장 적나라하게 드러나는 것은 교육에 있어 분석 치료를 회전시키는 잠재적 이행의 순간이 아닌가. 여기서 분리자 대상 *a*는 **사물 자체**를 위하여 자리를 비우고, 그 **사물 자체**와의 만남은 분석가가–되는–분석자를 어리둥절하게 만들어 놀라고, 소리도 없는, **존재하지 않는 순수 욕망**에 사로잡힌 상태에 이르게 한다.

그러나 라캉이 부인(否認)의 반향에 응한 간략한 표현을 통해 "분석가의 욕망은 순수 욕망이 아니다"라고 양보하더라도, 그는 그렇게 해서 우리의 성찰 영역 속에 순수 욕망의 용어를 도입한다.[74]

라캉은 이러한 위험을 지각했음이 틀림없다. 왜냐하면 처음에는 1965년에 이어서 1976년에 그는 교육('끝까지 완결한 정신분석을 의미하는 것'[75])으로 통하는 코스가 여러 번 실행된 것이 틀림없다고 선언했기 때문이다. 1977년 〈무의식의 실패, 그것은 사랑이다〉[76]의 세미나에서부터, 그는 첫번째 회전이 순수 상징계를 분석자와 마주치게 했고, 상상계를 재도입하기 위해서, 그리고 상실의 선행성과 이러한 죽음 관계의 이탈 가능성을 남겨두고 분석가 욕망의 *x*를 조사하기 위해서 두번째 회전이 필요했다고 덧붙였다.

이러한 갱신된 조사는 전술한 '첫번째 회전'의 동시대적 충동적 해리의 결과들에 상반되는 보증을 표상할 것이고, 비열함과의 직접적인 대결로부터 분석자를 보호할 수 있는 충동의 재–연루(連累)를 허용할 것이다.

또한 나는 이 두번째 회전이 이전의 결핍과 관련되는 것을 은 밀한 요소들로 분해한다는 가설을 제기할 것이다. 분석 코스의 기본 시간이 분석자를 '향락 속에서 다공(多孔)'[77]처럼 나타나는 **사물 자체**의 변덕스러움과 맞서게 할 수 있다면, 두번째 회전은 자아 속에 죽음 충동을 기입하는 기본 시간이 공포와 증오가 아 닌 중개자를 통해서, 그러나 충동이 실현될 수 있는 차원으로 복 원된 주체의 경험과 관련되는 그런 은밀한 요소들의 중개자를 통해서 표상되는 회전일 것이다.[78]

라캉의 이론으로부터 추론되는 순수 욕망을 통한 이러한 횡단 은, 그럼에도 불구하고 우리가 분석가의 욕망이라 명명하는 것의 구조를 가로지르는 중심선으로 남을 것이다.

나는 **통과**라 명명된 절차를 거칠 때 몇몇 분석자들이 마주쳤던 공포를 이런 해리의 극점에서 고려되어야 할 것으로 생각하는데, 이 극점에서 이 경우에는 대타자가 구현할 수 있는 **모호한 신들에 대한** 증오·두려움·희생이 솟아난다.

이러한 논의를 예증하기 위해서 나는 《정신분석의 윤리학》에 관한 세미나의 글을 인용할 것이다. "우리가 비난받을 수 있는 유일한 일은 자신의 욕망에 굴복했다는 것이다[……].

그것은 욕망——이러한 욕망으로서——에 다가갔다는 이유로 대가를 지불하는 데 쓰일 수 있는 것과 전혀 다르지 않으며, 우 리는 그것을 다른 곳에서 우리 존재의 환유로 정의했다. 욕망이 자리잡은 개울은 의미화 연쇄의 변조일 뿐만 아니라 아래쪽으로 흐르는 것, 정확히 말해 현재의 우리, 또한 현재의 우리가 아닌 것, 우리의 존재와 우리의 비존재——행위 속에서 의미화되고, 모든 의미 작용들 아래에서 하나의 기표에서 또 다른 연쇄의 기표로 이동하는 것――이다."[79]

　이러한 제안들은 요컨대 욕망의 정화와 극도로 열광적인 상태, 즉 **무감각**(apathie)[80]에 속하는 순수 욕망을 지닌 텅 빈 찬가들을 상기시킨다. 메시아적 공포라 부르고, 라캉이 '위대한 제7요일의 포만한 휴식' 이라 부르는 그 공포를 규정하는 불안정을 예고하고 있는 **아토피**(atopie)[81] 속에서 사막의 아버지들이 도달했던 정화의 정점.

　따라서 '자신의 욕망에 양보하지 않는' 것이, 모든 것은 희생되었음에 틀림없는 모호한 신을 구현할 수 있는 대타자 대신에 라캉을 자리잡게 했던 정신분석가들의 광신의 원리에 있었다는 것은 이상한 일이다.

　우리가 제도적 천박함이라 부를 수 있는 것――미셸 드 세르토가 부패와 관련시켰던 것[82]――이 여기에 있다. 어떤 이론가를 신도와 비신도, 순수한 자와 비순수한 자(왜 안 그렇겠는가?) 사이를 분리하는 전거인 (모호한) 신으로 삼는 것, 이것이 라캉적 비타협의 산물이다.

　한 가지 의문이 남아 있다. 우리가 "근원적 기표와 마주한 주체가 처음으로 거기에 복종해야 할 입장에 이를 때 개입되는 절대적 차이를 획득하려는 욕망"[83]――그러한 입장이 충동적 해리 작업의 표명으로서 치료 속에서 증오의 침입에 대해 고려한다는 것을 전제로 하고――의 극단에까지 이르러야만 하고, 우리가 굴복하지 말아야 하는 것이 바로 그 욕망이라면, 우리는 절대적 차이에 관한 이러한 탐구를 지지하기 위해 자기 욕망의 x에 굴복하지 않는 것이 분석가에게 요구된다는 가설을 제기할 수 있다.

　그러나 이 x는 일의적이지 않다. 그것은 순수할 수 없다. 분석가는 거세의 장소 그 자체로부터, 그가 어떤 극단까지 갈 수 없는가를 또한 측정해야 한다.

그래도 역시 희생적이고 차별적인 어떤 태도를 향한 미끄러짐이 항상 가능하고 욕망을 너무 신성시한다면, 마침내 분석가는 절대적 차이와 분리를 순수 욕망의 신성시와 혼동하게 만드는 방황 속에서 흔들리게 될 수도 있다.

따라서 우리는 교육과 전수 이론과 관련된 이러한 전제 사항들이 제도적 존속에 쓸모없지 않다는 것을 확신할 수 있다.

거기에서 다음과 같은 질문이 나온다. 우리가 불행과 고독의 어떤 이상이 장려되거나, 역겨운 정통성은 아니라도 행동 노선으로 받들어질 위험을 무릅쓰지 않고도 제도 속에서 순수 욕망의 개념을 무사히 다룰 수 있는가?

프로이트학파의 몇몇 구역에서 대성공을 할 수 있었던 이러한 불행의 이상화는, 여러 분석가들을 갑자기 웃음거리가 되게 만들거나…… 자살에 이르게 할 수 있는 이런 극단적 비타협성의 입장에 대한 실마리를 나타내지 않는가?

또한 분석가의 욕망은 제도상의 군중이 불러일으키게 될 어떤 자아 이상의 이름으로 지탱될 수 없다는 점을 상기하는 것은 중요한 일이다. 이러한 이상주의적인 현기증은 결국 어떤 경이로운 제도의 대상을 만들어 낼 것이고, 그것은 너무나 경이로운 것이어서 단지 자살만 예정되어 있을 뿐이다.

이러한 제안에 비추어 라캉의 세미나 VIII인 《전이》의 몇 구절을 다시 읽어보자. "《집단심리학》의 도식을 다루자. 거기에서 프로이트는 우리에게 자아 이상의 동일시를 열어 준다. 그는 어떤 관점을 통해서 그렇게 하는가? 집단심리학을 통해서이다. 그가 우리에게 말하듯이 각자가 군중이라 부르는 것으로 응고되고, 대중화를 허용하는 이런 종류의 매혹 속에 들어가기 위해 히틀러주의의 대폭발에 서문을 씀으로써, 그는 무엇을 만들어 내는가? 모든 주체가 적어도 한순간, 아주 짧은 시간 동안 모든, 그리고 어떤 것을 허용하는 동일한 이상을 집단적으로 갖기 위해서는 모든 외부 대상들이 하나의 공통성(einziger Zug)을 갖는 것으로서 받아들여져야 한다.

[······] 외부 대상들과 주체의 관계가 조정되는 것은 이상의 기능 주변에서이다. 인간 세계라 불리는, 말하는 주체의 세계 속에서, 모든 대상에 하나의 공통 특징을 부여하는 것은 순수하고 단순한 은유적 시도의 문제이며, 공통 특징을 다양성에 고정하려는 순수한 법령의 문제이다[······].

[······] 애도와 우울을 구별하는 것은 무엇인가? [······].

물론 문제는 단지 병리학적인 것, 다시 말해 우울로부터 심각해지기 시작한다. 대상은 그런 상태에서, 이상하게도 분명히 현존하기 위해, 그리고 훨씬 더 파국적인 결과를 가져오기 위해 더욱더 파악되지 않는다. 왜냐하면 그러한 결과들은 프로이트가 가장 근원적인 감정이라 불렀던, 당신들을 삶에 묶어두는 그것이 고갈될 정도로까지 이르기 때문이다.

[······] 주체는 우리가 보지 못하는 이 대상의 어떤 특징들에도 공격을 가할 수 없다. 그러나 우리가 이 주체를 따르는 한, 우리 분석가들은 주체가 목표로 삼는 사람들을 통하여 주체 자신에게 있어 고유한 특성들인 것처럼 그 몇몇 사람들과 동일시할 수 있다. **나는 아무것도 아니고, 나는 단지 오물에 불과하다.**

[······] 이러한 자기 고발 속에서, 그것은 전적으로 상징계의 영

역 속에 있다.

[……] 내가 차후에 대상을 상실한 주체에게 있는 애도도 아니고 우울증도 아닌, 대상의 자살의 영역에 속하는 결말에서 시작된 어떤 유형의 회한이라고 부르는 것이 문제가 된다[……].

[……] 사랑은 존재의 영역을 둘러쌀 수만 있다. 그래서 분석가는 어떤 대상이라도 그를 충족시킬 수 있다고 생각할 수밖에 없다. [……] 타자──여기서 분석가의 욕망이 그 주변에 집중된 애도이다──보다 더(또는 덜) 가치가 있는 대상은 없다.

여기에 분석가의 기능이, 그 기능이 어떤 애도로부터 내포하는 것과 함께 있다. 우리는 거기에서 프로이트 자신이 이해할 수 있었던 것의 영역 밖에 남겨두었던 어떤 진실과 만나게 된다."[84]

당신이 방금 전에 나에게 제기했던 의문들에 대답해 주는, 이 글들에 인용된 라캉의 세미나는 우연히도 우리가 여기서는 비평할 수 없는 일종의 판결문을 갖는 논쟁의 대상이 되었다. 그래도 역시 ELP(파리 라캉학교)의 우리 동료들에 의해 권위를 인정받은 유일한 판본에 가해졌던 다른 수정본들을 상기하는 것이 나에게는 유용했다. 소위 70인역 성경의 상이한 그리스어판과 히브리어 원전에 바탕을 두고, 욥기의 유대적 해석과 그리스도교적 해석을 연구했던 나로서는 라캉이 죽은 지 채 10년도 안 되어, 교회 법전의 텍스트라는 개념을 도입하는 이런 논쟁은 우습기 짝이 없다.

우리의 논의로 되돌아가자. 라캉이 상기시킨, 환기되었다가 소멸된 이 대상은 역설적인 상상의 동일시, 즉 분석가 욕망의 x 대신에 우리를 어떤 순수 욕망으로 이끌 동일시, 어떤 분석가들의 협회에서 권력을 잡기 위해 몇몇 사람들이 구실로 삼을 상상적 동일시의 이름으로, 기원에 앞서는 증오의 이름으로, 소위 라캉의 텍스트에 충실한 장신구들로 장식할 모든 환상들인 분석가용의 처세 규범으로 전파된 비극성의 이름으로 끊임없이 한계를 문제삼았던 사람들의 권력 장악에서 비롯된 제도적인 우울과 야만과 어떤 관계를 갖지 않을까?

그런데 대상의 소멸을 조장하는 것은 주체를 제의적 순수 이상에 예속시키기 위해 인위적으로 그 주체를 **사물 자체**의 의심스러운 권위에 올려 놓으려는 시도가 아닌가?

달리 말하면, 어떤 (소)스승의 지팡이가 가리키는 것과 마찬가지로 가승화의 길은 광신과 우울에 있는 일종의 선동에 불과할 뿐만 아니라, 라캉의 저작들을 부인하고, 요컨대 엠페도클레스가 에트나 화산가에 자신의 샌들을 내버려두었다면, 그것은 양치는 소녀나 더 그럴듯하게는 목자를 열심히 쫓기 위한 것이었을 거라고 상상하기 좋아하는 사람들에게 문을 열어 주는 역설적인 방식이다…….

이 지점에 도달한 우리는 발리 댄스에 바친 아르토 텍스트의 종결 부분을 인용하지 않을 수 없다. "성스럽지 않고 순전히 대중적인 이 연극은, 우리에게 지성의 수준에서 한 민족의 비범한 이념을 제공해 준다. 그 민족은 저세상의 유령과 악령에 사로잡혀 있는 영혼의 갈등들을 시민적 즐거움의 토대로 간주한다. 결국 이 연극의 맨 마지막 부분에서 문제가 되는 것은 순수한 내적 갈등이기 때문이다. 끝으로 우리는 발리 사람들이 연극에 부여했던 수준 높은 연극적 화려함을 지적할 수 있을 것이다. 거기에 나타나는, 무대에 필요한 조형물들의 의미는 육체적 두려움에 대한 그들의 인식과 그것을 풀어내는 수단들과 다를 바가 없다. 그래서 악마(아마도 티벳의 악마가 아닐까?)로 변신한 그들의 참으로 무시무시한 모습들과 우리의 기억 속에 잠재하는 어떤 유령의 모습 사이에는 깜짝 놀랄 정도로 닮은 점이 있다. 하얀 아교로 부풀려진 손들, 초록빛의 나뭇잎 모양 손톱들을 지닌 이 유령은 '알프레드 자리 극장'에서 초창기에 공연된 희곡들 중 어느 한 작품에서 볼 수 있었던 가장 아름다운 장식품과도 흡사하다."[85]

발리 연극의 인물들의 화려함과 알프레드 자리에 의해 연출된 환영의 화려함 사이의 극적이고도 동시에 하찮은 이러한 연상은 우리에게 친숙할 수밖에 없다. 단신 나폴레옹이 자신의 선조에 의해 연출된 비극을 소극으로 반복했던(카를 마르크스에 따르면) 것과 동일한 방식으로, 오늘날 정신분석가들은 라캉의 몸짓을 말 없는 이야기로 흉내내면서 그들의 기록이나 제도적 행동을 통해 이 불길한 반복 속에 머무르는 경향이 있다.

결론적으로 나는 언젠가 우연히 순수 욕망이 생겨난다면 그것은 '순수' 상징계와 만나는 그 시간, '일주(一周)의 첫번째 회전'의 종점에서일 것이라는 가설을 제기하려고 했다. 그것은 분석이 교육적인 것으로 드러나는 순간들을 통과할 때 분석가가 아니라 분석자의 특성일 것이다.

그럼에도 불구하고, 거의 종교적인 본질적 욕망의 극단——죽음의 순수성을 전파할 수 있었던 것——을 겨냥하는 엠페도클레스를 참조하던 시기인 1953년부터 분석가가 굴복할 수 없을 욕망을 요구하는 1960년의 세미나까지, 그리고 분석가의 욕망이 순수 욕망이 아니라고 단언하는 1965년의 세미나까지, 라캉은 그를 끊임없이 매혹했던 이러한 순수성에서 벗어나려고 애썼다. 결국 그가 이 순수 욕망을 애도했다는 말인가? 특히 그의 가장 마지막 기록들 중의 하나에서 "분석가는 '자신의 행위에 대한 공포' [86]를 갖는다"라고 단언하는 것을 상기한다면 전혀 확실치가 않다.

그것은 순수성이 환기할 수 있는 것보다 더 큰 공포일까? 우리가 오늘날 피해야만 하는 것이 이러한 순수 공포가 아닌가?

이러한 공포가 나에게는 이론 속에 **순수** 기표의 도입으로 고려되어야 하는 것처럼 보인다. 순수 욕망에서 순수 공포까지는 단 한걸음만 놓여 있을 뿐이다. 많은 사람들은 그 걸음을 내디뎠다.

소베르작 프로이트학교의 창설은 미래의 라캉주의의 공식 기관지로서 《실리세》[87] 잡지 출판으로 이어진다. 하나의 목표가 분명하게 나타났는데, 발명과 창조가 있었다는 것이다. 그것은 통과 암호이다. 개인적 분석, 이론적 생성은 새로운 기표를 생산하지 않을 수 없었다. 게다가 라캉은 항상 그가 충분히 말했듯이 IPA[88]의 경직과, 그가 '분석 담론에 반한 상호 조력 단체'라 부른 것에 대항하여 투쟁했는데 그가 서명한 유일한 사람이었다. 익명으로 하는 것은 《실리세》에 실린 작업의 다른 저자들에게는 규칙이었고, 그것은 제도의 변증법의 결과이다. 당신도 분명히 익명을 원칙으로 하는 《정신분석가의 일상》과 같은 다른 잡지에 참여했다. 이런 합의된 익명은 어떤 이들에게는 일종의 잿빛 제의(祭衣)의 효과를 갖는 것처럼 보였는데, 왜냐하면 어느 날 그들이 나중에 자신들의 이름으로 그 텍스트를 출판함으로써 거기에서 손을 떼었기 때문이다. 회고해 보면, 집단 작업이 라캉에게 충성을 바쳤던 것처럼 나타날 우려가 있지 않았는가? 그리고 이것이 이 영역에서 집단적 창조의 변증법을 원했던 일종의 라캉주의의 실패는 아닌가?

아   순 결과적으로 많은 이들이 통속극의 배반자 역을 선택했고, 12시의 개종자들처럼 또는 파리 해방 후의 한 시간 동안 레지스탕스인 체하려 했고, 그래서 종종 성공하기도 했던 비시주의자들처럼 행동했다. 스승을 예찬한 후에, 그들은 스승에게서 등을 돌렸을 뿐만 아니라 그들이 숭배했던 이런저런 것들을 서슴지 않고 헐뜯고 중상모략했다. 그런 사람들은 이 철학자에 대해서만큼이나 극적인 돌변에도 관심을 나타내는데, 그는 차례로 순수하고 냉철한 스탈린 같은 사람, 전투적인 반스탈린주의자, 프로테스탄트, 가톨릭교도, 이슬람교도, 최종적으로 약간 우스꽝스러운 부정주의자, 요약하면 타자에 대한 꺼지지 않는 증오에 일관성을 부여할 수 있는 어떤 대상을 항상 찾아다니는 일종의 방랑자였다.

다음으로 넘어가자……. 그래도 라캉은 자신의 사상에 매혹되었던 모든 사람들뿐만 아니라 자신의 학교가 사상의 파괴자 집단이 되는 것을 피하려 했던 그의 고심, 그리고 자신의 학교가 발명의 장소로 남는 것에 대한 그의 고심을 헤아려 보았던 모든 사람들의 호감을 살 줄 알았다. '발명하다'가 암호로 될 때 한 가지 문제가 생겨났다. 성신강림을 받은 자들이 방언으로 말했다. 성신강림 축일의 기적으로 열광적이 된 그리스도교인은 자신의 생에서 단 한번 우연히 교회의 중심에 자리잡고, 방언으로 말할 수 있거나 사로잡혀 있을 수 있는 엑스터시를 의미하기 위해 자신의 것과는 근본적으로 다른 수많은 언어를 자신의 육체 속에서 느낄 수 있다. 이런 현상은 예외적 영역으로 남아 있음이 틀림없다. 내가 성녀 카트린 드 시엔이 겪었던 신비로운 체험에서 참조하려 했던 그 예외이다. 그녀는 생트-크리스틴 드 피즈 교회에서 1375년 2월 어느 날, 신자들에게 예수 그리스도의 사랑에 대하여 말하는 동안 '그들의 영혼 속에 자신의 성스러운 사랑의 불꽃을 옮기면서' 자신의 '천상의 배우자'의 응시 속에서 털썩 쓰러졌다. 잠시 후에 그녀는 의식을 되찾고 깨어나서 토리자노 신부님——그녀의 전기작가——을 불러오게 했고, 그에게 아무도 몰래 다음과 같은 비밀을 털어놓았다. "[……] 나는 십자가에 못박힌 주님께서 환한 빛 속에서 내게로 내려오시는 것을 보았습니다. 그래서 나의 영혼이 그에게로 달려가려고 했기 때문에 나의 몸은 쓰러져야만 했습니다. 그때 나는 매우 성스러운 흉터가 있는 5개의 상처에서 흘러나오고 있던 핏빛 광선이 내 손과 발을 향해 내려오는 것을 보았습니다. 그것을 바라보면서 나는 이렇게 소리질렀습니다; 오! 주여, 제발 내 육체의 외부에 상처 자국들이 보이지 않게 하옵소서."[89]

보이지 않는 것은 아닐지라도 내밀한 것, 비밀의 영역에 머무는 것, 단순한 담론의 결과로 남아 있는 것과 같은 **진정한 기적**의 정의는 그런 것일 테다.[90] 그가 생존하던 마지막 10년간 프로이트학교의 내부에서 어떤 유사한 억제된 긴장, 섬광이 지나갔던 동일한 부동 상태가 계속해서 나타났던 것은 분명하다. 이러한 제안은 뜻밖의 것일 수 있다. 그러나 **통과** 절차——진정한 발명——에 관해서나 제도적 존속에 기반을 둔 다른 시기에는, 중요한 개척들이 이 경우에는 이중적 운동 속에 사로잡혀 있는 것으로 보이는 라캉의 말에서 보류되고 중단되었던 것 같다는 점은 부인할 수 없는 것으로 생각된다. 이런 운동은 어떤 사상을 발견하고 세상에 내놓고, 일반적으로 자신의 제자들에 의해 잘못 이해된 새로운 상황을 조장하는 신비론자의 운동이고, 동시에 가장 성대한 향락을 위해서 모든 새로운 발견에 적응시킴으로써 제자들 중의 진보파를 얼려 버리는 제식고수주의자의 운동이다.

이것을 예증하기 위해 나는 감히 EFP에서《[죽음-아이]]》에 관해 발표했을 때 겪었던 사건 하나를 상기시키고자 한다. 그 희비극의 무대를 떠올려 보자. 1971년말경에 나는《[죽음-아이]]》라는 제목의 텍스트를 썼다. 어떤 결과를 초래할지 모른 채 나는 1972년 9월 프로이트학교의 모임에서 그것을 발표했다. 그런데 우연히도 나의 동료인 마리 알베르티니가 라캉에게 '이 텍스트의 중요성'을 알려 주었고, 그로 인해 라캉은 내 발표를 들으러 오게 되었다. 유명인사들 중의 한 사람인 라캉이 내 발표를 듣기 위해 거동을 했을 당시에 나는 EFP에서 알려지지 않은 인물이었다. 나는 단번에 그날 참석했던 내 동료들의 주요 관심사로 떠올랐다. 그날 저녁 EFP가 클로드-베르나르 가의 회관에서 주최했던 친선 모임 도중에 라캉은 나에게 '옆의 카페'(당시에 노르말 바(Normal Bar)라고 불렀다)에 같이 갈 것을 제안했고, 어떻게 이 텍스트《[죽음-아이]]》를 쓰게 되었는지와 이 용어를 통해 내가 이해했던 것에 대해 물어보았다. 내 말을 듣고 난 후에 그는 "당신은《실리세》다음호에서 그것과 관련 있는 무언가에 대해 내가 말하고 있는 것을 보게 될 것입니다"라고 말하는 것이었다.

이 일화의 관계를 정당화하는 것은 결미이다. 나는 이런 라캉의 대꾸를 이론적 개척의 인정으로 이해했다. 그러나 그것은 내가 제기했던 것이 이미 어떤 지식의 가정으로 짜여져 있었다는 것을 나에게 알리기 위한 것처럼, 학파의 수장이고 분석가인 분석이론가에 의해 나에게 통보된 것이었다.

이 지적은 또한 사전에 어떤 해석의 모든 특징들을 갖는 지식에 속했다. 그것은 분석가에 의해 인도된 해석과 같고, 어떤 효과를 갖기 위해서 분석자가 말하는 도중에 있는 것을 이해하기 전에 몇 초 동안 표명되었을 것이 분명한 해석이다. 진술 행위의 바로 그 장소로부터, 그런 해석은 놀라운 고정의 효과를 만들어냈다. 분석적 해석의 효력을 보증하고 지식의 가정과 전이에 일관성을 부여하는 이러한 준(準)-동시성은, 그것이 '학파'의 내부에서 작용할 때, 열정적인 불꽃을 피우는 데 적합한 이중적 지식을 정돈하게 만든다.[91] 물론 내 이론의 형성이 무효가 되었고, 그것 없이도 지낼 수 있도록 라캉을 읽는 데 빠져 있는 것으로 충분했다고 생각하고 싶은 유혹이 나에게는 더 컸다. 스승의 말에 대한 숭배로 인해 거기에 굴복하는 것은 꺼지지 않는 증오 속에서 이런 '봉사하는 열정'을 흔들리게 만들지 않을 수 없을——어떤 순간이나 나의 노정의 또 다른 순간에——것이다……. 그것은 끊임없이 '증오무도덕성(hainamoration)'에 사로잡힌 많은 제자들에게 일어나지 않을 수 없었던 것이었다.

어떤 분석가 협회에서 열정이 부재할 수 없다는 것이 사실이라면, 그것은 어떤 경우에도 그 유일한 영역에서는 작용할 수 없다. 그리고 라캉이 프로이트학교의 구성원들에게 많은 열정을 불러일으켰다면, 그것은 그들이 라캉에게 무한한 지식-전체(tout-savoir)를 가정했기 때문이고, 사랑의 변증법이 스승에 대한 배타적인 열정으로 방향을 바꾸었기 때문이다. 또한 우리는 스승에 대한 사랑이 관계를 맺기에 충분한지 알아보기 위해 질문을 해야 한다. 그리고 이 경우에 그 사랑의 특성은 어떤 것일까? 우리는 그러한 사랑이 집단을 견고하게 만든다고 가정할 수 있다. 더구나 그것은 주체를 지식으로 인도하는 시행 시간을 표상한다. 물론 첫번째 시기에서 우리는 이러한 이론으로의 접근, 이론화 가능성에로의 접근이 이루어지고, 이런 선행을 통해서만 이루어질 수 있다는 점을 생각해야만 한다. 그런데 주체가 자기 고유의 개척물을 발표하는 것이 허용될 수 있고, 주체가 죽을 정도는 아니라도 황폐하게 만드는 모방에서 빠져 나올 수 있는 지점에서, 이러한 지식의 횡령에 의해 표상된 두번째 시기에 도달할 수 있기 위해서, 스승은 그러한 작용이 효과를 볼 수 있도록 추종자들이 자신의 것으로 간주하는 지배권에 스스로 동일시하지 말아야 하고, 자신의 생존시에 방부되는 형벌을 받지 말아야 한다. 즉 스스로를 **말의 거장**으로 생각지 말아야 한다. 우리가 인식했고, 아직도 인식하는――소극(笑劇)의 모델에 관하여――형상의 문제, 이 문제는 분석가들이 가담하는 협회들을 무서운 **아버지**(라캉은 나중에 **엄한-아버지**로 지칭될 것이다)――육체와 영혼이 복종하게 하기 위해 모든 욕망과 모든 명령을 예측하고 예고하는 것과 관련되는 아버지――와 함께 어떤 열정적인 일체감 속에서 살아가는 무리와 유사해질 정도로 퇴행하게 만들었다. 그의 말, 그의 스타일, 그의 생존 방식을 제외하면 아무것도 가치가 없다. 이런 불길한 복제의 기도는 정확히 말해서 충격적이었고, 아직도 충격적이다. 사실상 우리가 분석가는 지식에 적응할 수 있기 전에 먼저 그 지식의 지배하에 있다는 점을 정당한 것으로 간주한다면, 그것을 방해할 우려가 있는 것은 **스승을 말의 거장**에 의해 표상된 종교적인 인물이 될 정도로까지 지배권과 동일시하는 것이다.

또한 스승에 대해 사랑을 배제하는 자는 다른 곳, 수메르인들이 소름끼치는 것으로 생각했던 도시 밖에 자리잡은 공간같이 무섭고도 증오스런 그 다른 곳에서 방황하게 되기 위해 그 무리를 떠나야만 할 것이다. 오랫동안 나는 라캉이 이런 상황을 유감으로 생각해 왔을 거라고 확신했다. 그가 거기에 반대할 가능성을 가졌던가?[92] 이 질문은 또 다른 역사적 사실을 통해서만 이해될 수 있는데, 이 사실은 살해와 소외에 완전히 집중된 신화를 만들어 낸 후에 자신을 둘러싸고 있던 최초의 분석가 집단을 과감하게 '야만의 유목민'이라고 명명했던 그 프로이트와 보다 직접적으로 연관된다.

그것이 프로이트에게 있어 욕망의 표현이었던가? 그는 분석가들이 지식의 가정에 완전히 사로잡혀 어떤 행위의 공포와 마주치게 되고, 그 이후에 이런 암초를, 즉 어떤 유목민을 구성하려는 유혹을 받을 수만 있었다는 것을 예견했을까? 어쨌든 우리는 역사 속에서 강조하는 이 **야만의 유목민**이 항상 우리들의 협회 속으로 되돌아올 수 있다고 생각해야 한다. 우리들의 협회에서 이 유목민은 용어의 가장 타락한 의미——**스승**이 아버지로, 여성들이 순수한 성적 대상들로, 그리고 남성들이 거세되어야 할 아이들로 여겨지는——속에서 제도를 생각하도록 허용하기 위해 분석적으로 다루어져야 할 것이다. 분석가가 잠시 떠나는 **무리**가 문제가 될 것이다.

소베르작 이런 관점에서 당신은, 예를 들면 과학 단체들과 정신분석협회들 사이에 어떤 차이가 존재한다고 생각하는가? 후자의 내부에서 지식과 관련된 편차, 이의, 교리의 재검토, 이론적 탈선으로 통할 수 있는 모든 것이 마치 주된 잘못, 즉 스승을 사랑하지 않는 일을 형성했던 것 같지 않은가? 그 스승과 추종자들은 그들의 나르시시즘으로 상처받았던 것 같았는데, 왜냐하면 제자가 잘못 이해했기——일종의 대역죄——때문이었다. 제자에게 전수되었던 이론과 분석가의 관계가 개인적일 수밖에 없는가? 아니면 어떤 과학적 '지식'보다 더 열정적인가?

아   순 사실상 우리가 마주쳤던 역설은 그 점이다. 분석가들이 상호간에 조화를 이루기 위해서 그들은 자신들 사이에 가장 분석적으로 가능한 것으로 존재하는, 다시 말해 그들의 협회를 분석 종결과 동시 발생적인 증오스런 전이(우리가 '부정적' 전이라고 부르는 것)의 분석되지 않은 자산을 실제로 이용하도록 해줄 장소들로 변형시키지 않도록 조심함으로써 전이 관계들을 다룰 수 있어야만 할 것이다.

이러한 사상을 이해시키기 위해서 아마도 우리는 국가 없는 단체들 속에서의 전쟁이 진정한 제도이고,[93] 적의 형성이 첫번째이며 동맹을 구성할 필요성이 두번째 일이라면, 분석가들의 재규합은 틀림없이 국가와 관련하여 주변적이 되려고 시도하는 유목민들과 나란히 나타난다는 점을 상기해야만 한다.

이러한 표명이 우연적인 것은 아니다. 야만화(野蠻化)는 치료 범위 이동의 산물이고, 단체를 동지와 적이라는 두 부분으로 나누는 자립 과정의 산물이다. 왜냐하면 분석 공간에서 안다고 가정된 주체——표제어와 말의 발화 행위의 장소——가 분석자의 말 속에서 이원론을 배제하는 제3의 형성물을 표상한다면, 반대로 자체로 분석적이라고 하는 제도 속에서 안다고 가정된 주체는 어떤 대타자(대타자의 대타자)의 형상 아래서 재창립되었기 때문인데, 이러한 대타자는 모든 말이 전해지고, 모든 말이 유래하고, 엄청나고 이원적이며 견딜 수 없는 치명적인 사랑이 바쳐진 독재자의 화신이다.

역설적으로 라캉이 다음과 같이 진술할 때, 우리로 하여금 제도적 관계의 형성 속에서 이 유일한 사랑의 예찬에 대해 경계하게 했던 사람은 바로 라캉이다. "프로이트의 펜 끝에서 사랑을 **타나토스**와 대립시키기 위해, 그 사랑이 한없는 매력에 무조건 통합시키는 세력처럼 드러나는 것을 보게 되는 것은 참으로 이상한 일이다. 반면에 우리는 상관적으로 조화롭지 못하게 매우 다른, 따라서 훨씬 더 풍부한 사랑-증오라는 양면성의 개념을 갖는다."[94]

우리는 이런 성찰을 단지 인정만 할 수 있을 뿐이지만, 또한 나로서는 사랑의 소멸의 표시로서 증오의 분출을 생각하는 것이 훨씬 더 풍요로워 보인다. 증오는 비록 한때 단체들을 그 고유한 목적에 접합시키는 것처럼 보일지라도, 증오에 사로잡혀 있는 그 단체들을 파괴하고 분할하고 투석(透析)함으로써 사랑과 교체될 것이다.

라캉은 이러한 양가성의 끝까지 나아갔는가? 그는 분석 공동체[95]——그는 이 공동체의 창설자들 중의 **한 사람**이었는데, 자신이 유일한 창설자라고 주장했다——를 분열시킴으로써 자신이 창조했던 대상에 대한 증오를 표현하지 않았는가? 이 대상을 소멸시킴으로써, 그는 진정으로 이 학교의 명백하고도 이론의 여지가 없는 유일한 창설자가 되지 않았는가? 자신의 '제자들'(이 용어는 그가 썼던 것이고, 또한——특히?——자신의 분석자들을 지칭한다)과 자기 학교의 구성원들에 대해 느꼈던 사랑/증오의 짝이 말년에 이혼——불행한 부부 별거 및 재산 분할——과 증오의 승리에 이르렀다는 사실을 오늘날 생각하게 만드는 문제들도 마찬가지이다. 게다가 **EFP**의 구성원들인 우리 모두가 차례차례 라캉이 이론에 관해 진실을 말할 수 있는 유일한 사람이었다고 생각했던 것은, 라캉의 가장 가까운 제자들을 따라서가 아닌가? 이러한 믿음이 뒤에 일어나는 일련의 단절, 배반, 광적인 집착을 불러일으키지 않았던가? 라캉이 스스로 실행하도록 강요된 것으로 생각했던 대상의 소멸에 이르는 메아리에서 치명적인 우울과 잔혹한 야만스러움으로 흔적을 남긴 몸짓도 마찬가지다.

증오가 완료되고, 이러한 해체 이후에 증오는 그 노정을 끝냈는가? 나는 전혀 그렇다고 믿지 않는다. 반대로 몇몇 사람들이 제도의 자체 분해, 그리고 이러한 해체가 **정신분석의 기표**라고 믿었거나 계속해서 믿고 있는 한, 오늘날 그 증오는 작용하고 있는 것처럼 보인다. 기표의 용어에 대한 이상한 무분별, 이상한 오인. 왜냐하면 우리는 **해체**의 용어가 외상적 사건을 의미하기 위한 것처럼 요구된다는 점을 시인해야 하기 때문인데, 이 외상적 사건은 우리가 지배되어 왔던 것이고, 그 지속적인 효과는 우리가 유산으로 받았고, 이러한 파괴의 원리에 있었던 증오 속에 사로잡혀 있는 어떤 관계의 설정도 불가능하게 만든다. 물론 우리는 자크 데리다와 더불어 우리 모두가 "작품의 건축물 속에 언제나 이미 자리잡았던 붕괴력"[96]에 의해 지배되었다는 점을 상상할 수 있다. 그러나 어떤 텍스트 속에서 그 효과가 오래 지속되는 유산으로 받은 실제처럼 붕괴가 나타날 때, 상상할 수 없지만 상징할 수 있는 것이 한 협회 속에 존재하는가?

게다가 이 증오를 미지수——그 χ——의 표현으로 생각해서는 안 되는가? 이 미지수는 몇 가지 분석 종결을 색인 형태로 분류하는 것처럼 보이며, 나는 이것을 '종결'이라는 용어가 내포하는 모호성을 분명히 드러내는 〈종결된 분석과 종결되지 않은 분석〉이라는 프로이트의 텍스트에 연결하지 않을 수 없다. 죽음의 순수 욕망이 교육적인 것으로 드러났던 분석에서 종종 나타나는 것처럼, 이러한 가정된 종결은 죽음의 **순수 욕망**을 미결 상태로 내버려두지 않는가? 이 순수 욕망이 수수께끼 같은 증오——이 것을 부인하고 비켜가고 또 다른 무대, 즉 그들 유목민의 무대에서 작용하도록 한 분석가들에 의해서는 거의 손상되지 않은 문제——의 표현처럼 나타나는 경향이 있는 만큼 더욱 그렇다.

소베르작 당신은 분석 집단이라는 이 특별한 장소에 있는 특이한 열정적 현상이 나타난다는 점을 지적한다. 열정은 열렬한 주체들을 넘어서고, 그들을 벗어나는 것 같아 보인다. 당신의 《완고한 열정》[97]에서 들고 있는 예를 되풀이한다면, 슈테판 츠바이크의 소설[98]에서 도박꾼의 열정은 체질이나 원동력이 아니라 현기증이 날 정도로 끊임없이 자가 양육하는 하나의 과정이다. 열정은 스스로 존재하기 시작한다. 당신은 정확히 그런 관점에서 분석가들의 열정 문제를 다시 제기한다. 말하자면, 하나의 분석 장소가 그 모든 결과들을 받아들이도록 되어 있었던 듯이.

또한 당신은 스승과 제자에게서 동시에 일어났던 뜻밖의 발견 현상들뿐만 아니라 스승과 제자 사이의 모든 차용을 상기시켰다. 라캉에게는 그러한 예가 많다. 그래서 내가 알기로는 독일어 **Realität**(실재)와 **Wirklichkeit**(현실) 사이의 차이에 대해 그에게 주의를 환기시켰던 이는 피에르 코프만이다. 스승이 어떤 존재이든 상관없이, 죽은 후 위기의 순간들 속에서 우리가 그에게 주었던 것들을 되찾으려는 의지는 거기에서 나온 것일까? 그러나 스승의 저작에 익명으로 참석했던 것은 영광이다. 진실을 밝히는 것이 아니라 스승이 했던 것과는 달리 손질하도록 하기 위해 자신의 고유한 사상을 되찾는 것이 문제가 될 수 있다.

분석가는 끊임없이 말의 문제와 마주친다. 그러나 정치적·사회적으로 민주적 또는 자칭 그렇다고 하는 제도들 속에서 말은 항상 발언이다. 이런 현상은 어떤 분석 집단 속에서 n 세력으로 증대되지 않았는가? 관점의 중립성은 결코 존재하지 않는다. 왜냐하면 모든 논쟁과 그 이름값을 하는 모든 논문은 주체를 끌어넣기 때문이다. 분석 단체에서는 말을 다른 모티프, 즉 권력의 쟁점 속에 자리잡기 위한 권력의 근거로 생각함에 따라서, 열정적 차원은 분석 단체의 기능에 내재하지 않는다. (그리스 의회에서는 어떤 사람은 계속 발언을 했고, 다른 사람들은 전혀 발언을 하지 않았다.) 단지 말하기에 알맞을 수 있다는 것은, 반드시 반대하거나 다른 사람을 침묵하게 만드는 것을 내포하지 않는다.

결국 다른 영역에 관한 문제이다. 라캉은 자신의 위상학 속에서 사랑을 정의한다. 그래서 사랑은 상호간의 놀이 공간 속에서 상상계와 상징계의 연결에 속하고, 증오는 상상계와 실재계의 접합에 속한다고 그는 말한다. 라캉의 이러한 진술이 우리에게는 하나의 지표, 예를 들면 임상의 지표인가?

아 순 분명 우리는 '도박꾼'을 다루었던 슈테판 츠바이크와 도스토예프스키의 소설이 어떻게 다른가를 지적함으로써 열정의 문제로 되돌아올 필요가 있다. 도스토예프스키의《도박꾼》

에는 열정의 고통에 사로잡혀 있는 도박꾼이 묘사되어 있다. 반대로 슈테판 츠바이크의 소설 《한 여성의 삶 속의 24시간》에서 주목할 만한 것은 성모상 앞에서 카드에 절대로 손대지 않겠다고, **영국 부인**과 함께 끝없는 사랑을 나누러 떠나겠다고 맹세하고는 다시 그 지독한 버릇에 빠지는, 말할 수 없는 절망에 빠진 자신을 버리는 사람의 욕망에 유혹되고 매혹되며 빠져 버린 한 여인, 또 다른 여인에 대한 도박꾼의 열정의 결과이다.

분석 제도 속에서 우리는 종종 슈테판 츠바이크에 의해 연출된 드라마를 무한히 재연하는 것처럼 보이는 이러한 이중적 열정, 즉 자신의 분석가에 대한——그리고 종종 자신에 관한 분석에 대한——분석자의 열정, 그리고 지배권의 위치에 놓이면서 다소 억제되고 다소 야만적인 방식으로 마침내 타자를 포획하기에 이르는 사람에 의해 환기된 열정과 마주친다. 내가 보기에는 이런 야만스러움(종종 어떤 분석들을 무한의 경계로 몰고 가는 것)은 분석 종결에 대해 제기된 문제에 속하고, 또한 몇몇 사람들이 그렇게 생각하는 경향이 있는 것처럼 **변이**보다는 환유의 성격을 갖는, 그 종결 시간에 관해 더욱 잘 알려고 하는 광적인 욕망에 속한다. 이 문제는 **지식의 가정의 초월**에서 시작되는 것처럼 분석 종결에 의문을 갖는 집단들에게 제기된다. 이런 **초월**의 결과들은 예견된다. 그것은 사랑, 열정은 아니라도 열광을 창조한다. 우리는 종종 분석 종결에서 형성되는 매우 특별한 이 시간에 주의를 집중하기 때문에 그만큼 더욱더 지도자를 찬양하기에 이른, 소규모의 봉건 체제가 되어 버린 카르텔이 제도 내부에서 기능을 발휘한다는 사실을 자주 잊어버린다.

어떤 집단이 분열함으로써 소멸된다면, 다양한 내부의 경향들과 마주친 다른 집단들——극도로 격렬한 열정적인 방식으로 전이가 반복되는 장소에 불과한——은 역시 황폐한 내분의 연속으로 이끄는 투쟁의 닫힌 장이 된다. 우리는 거기에서 연기를 하고, **다른 무대**——나는 그 **다른 무대**의 유해한 모의 연습에 관해 말하기를 바란다——위에서 이러저러한 다른 협회의 구성원들 **하나하나**가 주체에 의해, 그리고 자발적 예속을 택하는 경향이 있는 모든 사람들을 데려가려고 하는 대타자에 의해 구현된 가정된 지식과 마주하고 있는 분석 상황을 다시 연기한다.

결국——그리고 이것은 우리가 이 대담의 초기부터 말하고 있는 것이다——분열과 긴장, 그리고 소위 제도적 환경 속에서 작용하는 증오는 이 지식의 열정 주위로, 뿐만 아니라 "그 지식이 다른 사람들을 통해 어떻게 진술되었는가?"라는 질문의 주위로 끊임없이 맴돈다. 그래서 한 협회에서 '말을 한다는 것'은 어떤 사람들에게는 위험스러워질 수 있는데, 이러한 말의 정당성은 자신들을 알고 있는 유일한 사람들이라고 확신하는 지배권의 위치를 차지하고 있는 사람들에 의해 사전에 무효화된 것처럼 보이기 때문이다. 그들만이 안다. 이러한 이유로 그들은 전능한 어머니처럼 그들 **주체**들의 사랑-전체(tout-amour)를 요구할 수 있다. 그런데 상상계와 상징계의 연결, 이미지와 말의 연결에 놓여 있는 것과는 거리가 먼 이러한 사랑은 그것이 실재계, 즉 어떤 치료의 종결에서 작동될 수 있는 것과 같은 실재계에 더욱 가깝게 위치한다.

게다가 임상의학은 이 점을 이해할 수 있게 해준다. 이 상징계——종종 짐을 부린 상징계, 분석자의 신앙에 이론의 이름으로 세워진 **순수 상징계**——로의 이동, 이러한 가역성은 끊임없이 엄청난, 꺼지지 않는, 거대한, 그리고 종종 뜻하지 않는 증오의 침범을 받는다. 이러한 증오는 불안한 상상계, 최면 상태에 속하고 말과 주체의 실존의 전 영역을 침범하는 상상계의 침입의 결과이다. 우리가 분석가들 무리 속에서 마주치는 이러한 현상은, 진실에 대한 진실을 말한다고 주장할 지배권의 말이라는 명목으로 거기에 예배를 바치기 위하여 야만의 우상으로 상징계를 구성하는 것을 목표로 삼는 말의 싹이다. 그래서 상상계는 부재의 환각에 속할 것이고, 실재계(끔찍한 자신의 부분 속에서)는 단지 일종의 상징계와 함께 하는 것을 만들 뿐이다.

여기에서 집단 속의 증오, 즉 스승에 대한 증오, 형제들에 대한 증오, 또 다른 집단에 대한 하위 집단의 증오의 침입이 생겨난다.

이러한 증오는 불가역성의 특징을 지닌다. 그것은 어떤 경우에도 고전적인 사랑-증오의 양가성 속에 기입될 수 없다. 왜냐하면 이 경우에는 그것이 결정적으로 사랑에 대체된 열정의 산물이기 때문이다.

소베르작 파트릭 기요마르는 라캉이 프로이트학교와 자신의 이론이었던 정신분석의 비극적 개념 속에서 라캉파 사람들의 마음을 끌었던 사상을 지지한다.[99] 우리는 그 중에 그들이 거의 교리로 삼았던 몇 가지 것들에 대해 말할 수 있다. 프로이트는 인간의 본성에 대한 자신의 비관론을 숨기지 않았지만, 그는 정신분석의 비극적 개념을 퍼뜨리지는 않았다.

아 순 정말로 프로이트는 항상 자신이 비관주의자였다고 단언했고, 그가 낙관주의자인 라캉보다 자신의 주변에 피해를 덜

입혔던 것도 이런 이유에서이다. 나는 라캉의 비극성 뒤에는 모든 학문들에 관해 말할 수 있는 자신의 말을 가졌을 분석가와 분석의 전능에 대한 엄청난 낙관론이 있다고 생각한다. 당신은 라캉의 세미나와 그것을 경청했던 사람들을 기억하는가? 분명 거기에는 분석가들과 그 분석자들, 또한 많은 이들이 차례로 그에게서 등을 돌렸던 파리, 프랑스, 게다가 유럽에서 당시에 작가·연구자·예술가로 치부되었던 모든 사람들이 있었다. 그것은 단지 유행의 결과만은 아니었고, 그들 모두는 그가 자신들에게 제공할 수 있다고 여겼던 어떤 열쇠를 찾고 있었다. 이러한 낙관론이 비극적이었고, 그래서 나는 현재 일단 드라마로 변해 버렸고, 마르크스의 용어를 다시 빌린다면 오늘날에는 소극으로 변하려 하는 이 낙관적인 비극을 추구하고자 하는 것은 중대한 실수일 것이라고 믿는다.

구현된 지식-전체(tout-savoir) 앞에서 느끼는 현기증은 호소력이 너무나 강해서 해체 12주년째[100]에 재현되었다. 그래서 분석집단들의 거성들은 해체의 기표를 찾으려고 몹시 애를 썼다. 당시에 클로드 콩테(그가 죽기 몇 달 전이었다)[101]가 다음과 같이 분노를 터뜨렸다. "여보시오, 웃기지 마시오. 나는 해체의 명령이 내려졌던 그 시기에, 해체를 원치 않았던 사람들을 비난할 새로운 슬로건을 찾아보라고 요구했던 라캉의 전화를 하루에도 두 번씩이나 받았소." 이처럼 EFP의 서사시는 통속 드라마는 아니라도 희비극으로 끝났다. 그것은 분석이 자체적으로 그러한 낙관론의 전달자일 수는 없다는 증거와, 분석가들이 어떤 경우에도 문화나 학문에 관한 최후의 말을 한다고 주장하기 위해 자신들의 싸구려 옷을 과시하려는 생각을 할 수 없다는 증거가 아닌가? 물론 그들은 필요한 경우에 훈련에서 그들 자신들이나 분석자들을 나타내는 것을 상기시킬 수 있다. 그러나 절대적 지식으로 세워진 프로이트 이론의 이름으로 문화의 총체에 관해 규칙을 제정한다고 주장하는 것은 **꼬마 황제 폐하**인 다형적 도착의 전능 속에 떨어지는 것처럼 보인다.

소베르작 분명 그렇다. 그러나 지식의 탈가정 속에서 문제가 되는 것은 실재계가 아닌가? 그에 대해서 당신은 뭐라고 말할 것인가? 한 저자[102]가 어느 대중 매체에서 원칙에 충실한 엄격한 가톨릭 신자의 집안이면서, 증오의 화신이었던 아주 특이한 가족에 관해 이야기할 기회가 있었다고 말했다. 이 가족의 구성원들은 서로를 해칠 거리만 꾸며내려고 했다. 예를 들면 오빠 중의 한 사람이 누이의 아이들을 창문으로 던져 버리려고 할 정도였다. 이 저자에 따르면, 이것은 일종의 순수한 증오와 관련이 있었다. 저자는 상상 세계와 문학의 길을 통해 이 절대적 증오의 기원에 접근해 보기 위해 가족의 비밀에 관한 한 권의 소설을 쓸 생각을 했다. 이후에 그녀는 참고가 되어 주었던 가족 중에, 아마도 3대째 자손인 한 사람이 자신의 입장에서 한 가지 증언을 써보냈다는 사실을 알게 되었는데, 그 증언 속에서 그는 그녀가 소설 속에서 발견하게 될 선조의 숨겨진 과오와 아주 유사한 어떤 것에 대해 말하고 있었다. 마치 코르시카에서의 집안 간의 복수에서처럼, 반복적으로 후손들은 제도적이고 불가해하며 언제나 매우 폭력적인 증오를 품어 왔다. 물론 가족의 비밀에 있는 무의식의 관계는 정신분석가의 관례이다. 그러나 정확히 임상에 있어서 뭔가가 분석가들에게 증오 속에서 실재계에 속하는 것과 상상계에 속하는 것을 찾아내도록 허용할 수 있지 않은가?

아　순 이제 정말로 증오는 주체의 모든 현실이 명명할 수 없는 박해하는 이미지들의 물결에 의해 종양이 되어 버린 것과 같이 상상계에 의한 침입의 산물이 아닌지를 알아볼 때가 됐다. 그로 인해 나에게는 그러한 이미지들에 완전히 지배된 공포 분위기 속에서 치료를 시작했던 한 분석자가 떠오른다. 그는 사방에서 여성의, **다른 여성**의 이미지가 장차 아내가 될 여성의 옛날 애인의 이미지와 중첩되는 것을 보았다. 그가 가족 중의 한 사람이나 배신했다고 의심했던 여자 친구와 함께 있을 때마다, 증오와 열정 사이에서 이러한 종류의 광기가 되살아났다. 그런데 오랫동안 나에게 수수께끼로 보였으나 오늘날에는 주목할 만한 것으로 보이는 것은, 이 순간들에는 분석가에 대한 지식의 탈가정이 끊임없이 수반되었다는 것이고, 이것은 오늘날에는 해명될 수 있는 것처럼 보인다.

게다가 당신의 질문에 답하기 위해, 우리는 증오 속에서 상징계의 완전한 짐부리기로부터 이어지는 상상계와 실재계의 연결이 상상계의 특성 자체와 동시에 자아의 심급들을 파괴하지 않는지를 자문해 볼 수 있다. 그 상황에서 타격을 받은 것은 자아 이상이 아닌가? 윤곽과 형태의 모사를 훼손된 상상적 자아에게 부여하려는 시도를 위해 증오에 대한 대상을 찾으려는 것만이 주체에 대한 다른 호소로 남아 있을 것이다.

한 가지 질문이 남아 있다. 증오는 우울한 붕괴의 위협에서 가능한 반응일 것인가? 자아의 상상적 차원이 파괴되었을 때, 증오는 붕괴를 피하기 위한 주체의 극단적인 핑계거리가 아닌가? 여기서 역설적으로 실재계는 침입하는 광기에 의해 종양화된 상상계를 지지하기 위해 탈환되도록 되어 있다. 증오가 주체의 정신적 죽음이나 자살이 있기 전에 주체가 준비해 둔 마지막 카드일 것이라는 바를 말한다.

소베르작 우리는 모든 생활이 어떤 다른 여성에 대한 증오에 사로잡혀 있다가, 그 여성이 죽자 심각한 우울증에 빠졌던 인물에 관한 이야기——내가 알기로는 어떤 분석가에 의해 보고된——를 생각할 수 있다.

마르셀 주앙도 역시 자신의 아내를 혐오했으며, 자신의 작품의 자양분이 되었던 혐오를 즐겼다고 선언했다. 셀린도 마찬가지이다. 증오가 선택적으로 어떤 타자(여성, 유대인, 분신)에게 집중되는 이러한 사례들은, 개인적 붕괴의 위협에 관해 당신이 개진한 것을 확인해 주는 듯하다. 당신은 어떤 의미에서 방어의 기능으로서 증오가 사회 관계의 한 요소를 보존하려 한다고까지 말할 것인가?

아   순 당신의 질문은 증오와 혐오를 구별하는 것이 무엇인지 밝히도록 만든다. 물론 우리는 다른 사람들을 싫어할 수 있고, 그들에 대해 엄청난 혐오(그리고 나는 시리아인들에 반대해 기원전 18세기의 이집트인들이 편찬했던 《혐오론》에서 이러한 논의를 생각한다)를 느낄 수도 있다. 그러나 저주자가 반드시 증오에 빠져 있지는 않은 것 같다. 그래서 고백컨대 라디오를 듣다가 무례함 때문에 심한 혐오를 갖게 되는 때가 있고, 웅변가들의 담론을 읽다가 그들에 대해 일종의 절대적 공포를 느끼는 때가 나에게는 있다. 그러나 이 두 경우에 나는 적이 어디에 있고, 그가 누구이며, 그가 어떤 이데올로기를 내세우는가를 안다. 나에게는 그것이 증오에 속하지 않는 것처럼 보인다. 게다가 외곽 지대 사람들과 '증오를 갖는다'라는 상징적 공식과 관련하여, 아마도 증오와 혐오를 구별해야 할 것인데, 후자는 계급의 증오라 명명하고, 부당하고 극도로 파렴치한 사회·정치적 상황으로부터 그 정당성을 끌어낼 수 있는 분노와 분통을 견디는 것 속에 자리잡는다. 나에게 있어 증오는 그것이 없다면 절대로 주체에 속하지 않는 것같이, 또 다른 메커니즘에 속하는 것처럼 보인다. 또한 증오는 종종 그것이 지도자에 대한 증오스런 트림에 의해서만 존재함으로써, 마침내 단 하나만을 만드는 데 그치는 다수의 개인들을 동원한다 하더라도 항상 개인적인 것 같다. 그 결과 증오가 대중화에서 나온다면, 그것은 관계를 만들 수 없을 것이다. 분할된 사회적 탈복잡성의 최고 단계로서의 증오는 다음과 같은 유일한 슬로건[103]을 가질 수 있다. "만일 나의 증오를 수용하도록 나에게 허락치 않아야 한다면 도시를 멸하라! 그것이 나의 증오를 충족시키기 위해 지불해야 할 대가라면 도시를 멸하라!"

베르트랑 프와로-델페쉬는 《바르비 씨는 아무것도 말할 것이 없다》[104]의 〈선과 악〉장에서 다음과 같은 불쾌한 지적으로 우리가 제안한 의미를 예증해 보인다: "애야, 욕을 퍼부어라!" 1944년 8월 23일, 슈투트가르트 역에서 독일의 어머니들이 자기 아이들에게 드랑시에서 아우슈비츠로 수송되는 유대인 아이들에게 욕설을 퍼붓도록 선동한다──"거기에 가서 욕을 퍼부어라, 나의 사랑스런 아이야, 욕을 퍼부어라!"

이런 선동은 히틀러 정권의 고위 책임자들을 부추겼던 증오의 이데올로기의 산물이 아닌가? 그때 그들은 이미 패배한 전쟁을 중단할 수 없다는 그들의 결정에 영향을 주지 않을 수 없었고, 그들을 계속 버티게 했던 대상, 그들의 증오의 대상과 손을 끊으려는 최후의 시도, 즉 동부 전선이나 서부 전선에 군대를 파견하는 것보다 오히려 아우슈비츠를 향해 기차를 몰고 가기 위해 석탄을 사용하는 것을 선호했다. 그것은 진정으로 여전히 주체가 있다고 말하도록 허용하는 탈주체화의 최상의 단계이다. 그러나 그 주체는 집단적이기를 바라고, 그들의 복제물들과 그들 이상의 덩어리 속에 응결되어 있기를 바란다. 말에서 생기지 않은 증오의 경험을 재현하기 위해 우리가 말했던 것처럼, 어떤 대상을 끊임없이 불러일으키는 남자들(왜냐하면 사실상 그것은 종종 남자들의 문제이기 때문이다)을 보게 되는 몇몇 협회에서처럼, 그것은 또한 언제나 그들을 좌절시키는 집요함이다. 그리고 그 대상은 끊임없이 그들의 정체를 폭로하고, 그들로 하여금 그것을 파괴하거나 파괴되도록 충동하는 정서에 쏠리게 한다. 게다가 투비에르가 자신의 일기에 '악당 바뎅테'나 '모든 유대인들'과 같은 흔적을 남겨 놓았던 것이 나에게는 매우 주목할 만한(놀라운 것은 아니지만) 것으로 보였다.[105] 그런데 그는 매우 존경받는 풍모의 명사들에게 자신은 단지 자기에게 부과된 명령을 실행했을 뿐인, 국가의 관리에 불과했다는 점을 계속해서 믿게 했다.

소베르작 우울에 관한 당신의 책[106]에서——나는 잔혹한 대상에 관해 말하려 했다——, 당신은 특히 마약중독자가 어떻게 대상이 없는 곳에서 대상을 형성하려고 했는지를 보여 주었다. 대상은 상실되지 않았다. 따라서 그 대상은 형성될 수 없었다. 증오의 대상은 유사한 촉매 기능을 갖고 있는가? 우울의 대상과 관련하여, 마찬가지로 사랑의 대상과 관련하여 이러한 증오의 대상을 어떻게 위치시킬 것인가?

아   순 그 질문에 대답하기 위해, 나는 라캉에 의해 표명된 매우 풍부하면서도 이상한 가설에서 출발할 것이다: 욕망이 최초 대상의 욕망이라면, 불안은 최초의 실존적 불안 속에 잡혀 있는 것과 같은 욕망을 나타낸다. 또한 불안이 거기에 사로잡혀 있는 사람에 대한 대상이자 더 이상 아무것도 욕망하지 않는 우울증 환자에 대한 해방인 것과 동일한 방식으로, 증오는 윤곽의 모사를 증오에 찬 주체의 자아 이상에 부여할 수 있는 상상적 정서일 것이다. 이러한 주장은 주체 안에서 손상된 것이, 어떤 이미지가 아니라 정서로 대체되었다는 것을 확인하는 경향이 있다. 이후에 이러한 불행에 사로잡힌 사람에게 있어서 거울은 비어, 비극적으로 텅 비어 있을 것이다. 마치 이러한 증오의 대상들을 규정하도록 허용케 하는 것이 부재했고, 그는 단지 이러한 정서에 사로잡혀 있는 것에 불과했던 것**처럼**.

이상에서 내가 우리의 대담의 시작에서부터 줄기차게 말했던 것처럼, 증오가 사랑의 중단이고 열정의 변증법적 보완이라는 나의 가설과 열정과의 비교가 나온 것이다. 사실상 열정 속에서 우리는 모든 파편들로, 욕망의 원인 대상의 모든 섬광들로 **열정의 원인**인 타자를 둘러씌운다. 열정적인 남자나 여자는 이상적 자아 쪽의 이러한 정서를 그들 각각에게서 불러일으켰던 남자나 여자를 데려온다. 증오 속에서 위험에 처한 것은 자아 이상인 반면에, 꺼지지 않는 증오의 대상은 이상의 패배와 증오의 이상,

예를 들면 인종 불평등의 이상[107]을 창조하려는 시도를 지지하기 위해 **증오의 원인들**을 이미지화하는 것을 임무로 삼는다. 그래서 증오는 잔혹하고 야만적인 측면에서 우울화의 과정에 있는 가능한 응답들 중의 하나일 것이다. 이러한 상태는 파괴는 아니라도 파면이나 제명될 예정인 상상적 타자——적(敵), 추방당한 자——와 마주하여 증오스런 소외 속에 주체를 투영한다.

따라서 증오의 원인인 타자의 이미지는 이런 감정에 사로잡힌 사람의 모든 정서를 요약한다. 그는 모든 이타성이 없는 이 타자 속에서 길을 잃고 소진된다. 다음과 같은 것을 잘 이해하자. 이런 상황 속에 놓여 있는 이는 웅변가가 아니라 '바보들의 사회주의'[108]의 열광에 사로잡혀, 타자들을 파괴함으로써 자신들의 불행에서 빠져 나오려 했던 모든 사람들이다. 역설적으로 자아 이상과 대체되고, 신선미를 잃은 상징과 구식 표상에 일관성을 부여할 수 있는 대변자를 찾도록 어떤 단체에 허용하는 것은 바로 이러한 이미지이다. 우리는 오웰이 《1984년》에서 등장시키는 사회를 생각하고, 특히 매일 **증오의 2분**에 빠져 있지 않을 수 없는 공포 속에서 살아가는 주민을 보게 되는 시퀀스를 생각한다. 거기에서 모든 사람들은 미움받는 이미지(트로츠키-브라운슈타인의)를 응시하기 위해 텔레비전에 고정되어 있다. 그 이미지는 증오의, 손상된 자아 이상을 재구성하는 것을 목표로 삼을 모든 이들로부터 인정받지 못하는 비참함의 알파요 오메가가 되었다.

소베르작 증오에 사로잡힌 사람의 의지, 완고함은 대상을 존재하게 하기 위해 그 대상이 기능에 위배되지 않고, 돋보이고, 절대 악을 구현할 것을 요구하는 듯하다.

증오가 열정의 반대이고, 보완일 것이라는 점을 지지할 때, 당신은 마치 후자가 전자의 이면이었던 것처럼 라캉에 의해 다소 수정되었던 프로이트의 교리, 즉 증오로 변하는 사랑의 반전에 관한 교리를 흔들어 놓는다.

게다가 원시 유목민의 프로이트적 신화는 아버지에 대하여 아들들의 양가성(그리고 증오)을 강조한다. 반면에 라캉에게는 동생에 대한 연장자의 증오가 근본적인데, 그 증오는 일종의 증오의 계열체이다.

아　순 당신의 말을 들으면, 나는 증오가 우울 속에서 형성되는 것보다 훨씬 덜 고풍스럽다고 생각하는 경향이 있는 셈이다. 달리 말하면 증오는 부차적이라는 것이다. 또한 우리는 거울상을 상정할 때 어머니가 한 형제, 결국 자신과 대체될 형제를 '거울 속에서 보아 왔다'라고 사후에 계속해서 상상하는 이러한 정서 속에 사로잡혀 있는 사람에 관해 말할 수 있을 것이다. 따라서 우리는 여기서 탐욕스런 어머니나 무관심한 어머니 형상의 경우가 아니라, 오히려 어머니의 시선 속에서 주체의 거울상의 투영 대신에 나타날 대체된 아이의 경우에 놓여 있다. 나는 어머니가 그 사람, 즉 이 분석자의 아버지에게 주기적으로 "이봐요, 난 당신에게 당신의 사생아들을 남겨두고 내 아들과 함께 떠나요"라고 말해 왔다고 들려 주었던 한 환자의 사례로 그 예를 보여 준다. 그런데 그들은 사생아가 아니었다. 그러면 왜 그녀는 "난 당신에게 당신의 사생아를 남겨둔다"라고 말했는가? 그 문제는 그가 어머니로부터 사생아가 아닌 것으로 지명된 유일한 사람이었던 만큼 오랫동안 이 분석자의 가슴을 아프게 했다. 어머니의 증오의 대상들이며, 마음에 드는 아이를 가진 어머니에 의해 증오스런 것으로 지명된 다른 아이들은 그녀에게 있어서는 전혀 존재하지 않았다. 그만이 유일하게 모든 아이들을 대신했고, 모든 아이들——그렇게 생각한다면——은 꺼지지 않는 증오의 희생자들인 반면에, 그는 심각한 우울에 빠지게 된다.

게다가 프로이트가 원시 유목민의 신화를 설정했던 19세기의 인류학자들의 작업을 참조하면, 우리는 그들이 문명의 역사 속에서 최초의 사회 형태를 구성하도록 형제들에게 허용했을 모권제의 중간 단계가 존재할 수 있다고 가정했다는 사실을 알게 된다. 거기에서 하나의 의문이 생기는데, 일단 살해가 완료되고서 유일한 창설자나 그 후손들에 의해 지배된 사회는 먼저 아버지 살해가 예고되고, 아버지의 죽음이 도래하면 사회 관계를 엮을 수 있을까? 분명히 그렇다. 일단 '사막의 세대'가 사라지고, 살해가 이행되고 인정되었으며, 뚜렷해진 이미지들 위에 시선이 맞춰지면, 사회 관계가 형성되기 시작할 수 있었던 하나의 국면——적어도 우리는 그것을 상상할 수 있고, 구성할 수 있다——이 분명 존재했음이 틀림없다.

소베르작 인류학에서 우리는 선조, 즉 아버지와 어머니와 관련하여 촌수를 고려한다. 형제로부터 형제까지는 필연적으로 삼각 관계가 존재한다. 형제들간의 관계는 부모들과의 이러한 관계에 의해, 제3자에 의해서만 존재한다. 마찬가지로 품속에 안긴 동생의 모습을 볼 때 자기 자신을 파괴하기에까지 이를 정도로 형의 가슴속에 가득 차 버리는 파괴적인 선망 속에서, 그리고 라캉이 **시샘**(invidia)이라고 분석한 어머니와의 완벽함 속에서는 삼각 관계의 발단이 존재한다. 당신 말대로 질투는 아이에게는 부차적이 되었다.

아 순 프로이트의 유명한 표현[109]을 다시 취한다면(그리고 전복한다면), 그것은 형이 동생에게 표명했을 "네가 태어나기 훨씬 전에 나는 너를 증오해 왔다"는 것과 거의 같을 것이다. 우리가 그 증오를 형제애, 다시 말해 배설 속에 사로잡혀 있지 않을 자아 이상의 이미지를 형성하려는 절망적인 시도로 다룬다면, 우리는 또 다른 증오의 형태, 사회 관계 형성의 시작을 표상할 수 있는 최초의 증오로 되돌아온다. 그래서 증오는 자기 존재의 주체를 더 이상 '확신할' 수 없는 자아 이상의, 가능한 형제애의 질병과도 같을 것이다. 증오는 어떤 불가능한 관계를 만들고 파괴하게 될 제3의 용어와 같을 것이다.

그러나 이런 증오의 '구조화하는 부분'이 있는 그대로 이해되지 않는다면, 모든 관계는 결국 불가능해지고, 사회는 서로가 동심원으로 에워싸인 일련의 내륙국들로 분할된다. 이런 현상은 증오를 주문함으로써 적대적인 형제의 집단들을 재편성하는 분석가협회에서 발견된다. 그러나 카인과 아벨의 인물들 주변에서 꾸며지는 드라마 속에서, 진정으로 구조화하는 시간은 착한 아벨의 살해와 카인에 의한 살해 인정의 드라마였고, 또한 예상할 수 있는 것처럼 터무니없었다. 카인이 창설자들의 계보를 창설할 수 있었던 것은 바로 이러한 대가(나는 살해와 그 인정을 강조한다)에 있다. 또한 우리가 말했듯이, 이 신화는 프로이트가 몇몇 인류학자들을 따라서 아버지의 살해를 고려했던 상징 체계를 통해 가능했던 글쓰기들 중의 하나일 것이다.

모리스 고들리에르의 매우 아름다운 표현을 다시 취한다면, 아버지 살해의 시간과 형제들의 동맹의 시간 사이에 "무슨 일이 일어났다."[110] 왜냐하면 형제들 사이의 합의가 충돌 없이, 파괴 없이, 죽음을 바라지 않고, 선조나 족장이 되려는 고백을 하지 않고 일어났다고 상상할 정도로 이상적임에 틀림없기 때문이다. 따라서 자신의 살해를 고백하는 카인의 신화는, 문화에 잘못과 그 고백에 바탕을 두는 것을 허용하는 이 중간적 시간을 표상할 것이다. 그것은 내가 여러 번 상기시켰던 아주 적절해 보이는 엠페도클레스의 표현, "증오가 완료될 때 기원은 시작된다"에 의미를 부여한다. 기원은 세상의 시작이 아니라 문화의 시작이다. 틀림없이 도시의 기원은 증오가 완료될 때나 하나의 이야기나 허구로 구성될 수 있는 무슨 일, 그 **무슨 일이 일어났을** 때 시작된다.

나에게는 한스 게오르그 루프레히트의 견해[111]가 그 점을 잘 예증해 줄 것으로 보인다. 그는 보르헤스의 이야기 〈은밀한 기적〉을 상기하면서 다음과 같이 자문한다. "[……] 루보미르 돌레젤이 '기능적 시간'(《서술 방식》, 121)이라 불렀던 것. 사실상 이런 질문은 **메타**-픽션의 방향(《프티 로베르》, 1967년판에 따른 '연속, 변화, 참여를 표현하는' 그리스어의 원래 의미에서 메타)으로 나아간다."[112]

돌레젤의 이론적 위치는 확고하다. 왜냐하면 그는 "허구적 텍스트가 참조 기능을 갖고 있다면, 그 기능은 실제 세계보다는 오히려 가능한 허구의 세계를 겨냥한다"고 쓰고 있고, "허구적 세계는 텍스트에 앞서 존재하지 않는다"(《유형학에 대하여》, 7-23)라고 덧붙이기 때문이다.[113]

문명의 최초 시기에 **일어났던** 이 최초의 증오의 **무슨 일**을 상기함으로써 우리가 다루려는 것은 바로 이 허구의 세계에 관해서이다.

한스 게오르그 루프레히트가 우리에게 말하는 것처럼 이 메타-픽션, 이 "포섭[하는] 있음직하지 않는 것과 가능한 것과 실제적인 것"[114]은 단지 우리에게 "프리드리히 슐레겔의 《관념들》중의 하나, 즉 '하나의 세계가 솟아날 수 있는 유일한 카오스, 혼란'을 상기시켜 줄"[115] 수 있을 뿐이다. 이러한 카오스는 이야기, 허구로 불린다. 나는 종종 그의 작품이 프로이트에게 괴테상을 안겨 주었다는 소문을 들었다. 그것은 주목할 만한 사건이다. 왜냐하면 그것은 프로이트 작업의 원리——프로이트의, 이어서 라캉(동일한 과정에 속하는)의 저작을 교리로, 전적으로 허구성이 없는 성스러운 글쓰기로 받듦으로써 우리가 잊어버리는 경향이 있었던 것——에 있는 이러한 허구적 서술 부분[116]의 인정을 표명하기 때문이다.

그런데 폴 리쾨르에 따르면 "[……] **이야기된 시간**, 즉 모든 서술적 **형상화**로 된 작품에 있어서 사유 작업은 시간적 경험의 **재형상화** 속에서 완성되는 것이다."(《이야기된 시간》, 9)[117]

이러한 관점에서, 증오는 최초의 오인된 살해와 모든 서술에서 동떨어진 이미지들 위에 영원히 고정된 시간의 이름으로 시간적 경험을 **재형상화하기**가 불가능한 것이 아닌가?

소베르작 분석 집단과 마찬가지로 정치 집단과도 관련이 있는 당신의 논의는, 사회 구성의 원리에 증오를 자리잡게 했던 홉스의 명제를 생각나게 한다. 사실상 자연 상태에서 각자는 자신의 이익을 추구함으로써 모든 사람들과의 피할 수 없는 갈등 상태에 들어간다. 거기로부터 사회 제도가 유일하게 종결지을 수 있는 전면전의 상태에 처할 위험이 생긴다. 사회는 갈등 위에 세워진다. 이미 플라톤에게 있어 로고스는 분명 개인적 적대 관계를 초월하도록 했다. 홉스는 열정과 이기주의적인 이해 관계의 위계와 논리를 내세웠고, 인간 집단이 자기가 복종하는 법의 지배하에 있지 않을 때 그 집단을 자기 파괴로 이끌 것에 관한 추론에 착수했다. 사회 제도는 단순한 조정이 아니다. 그 합리성은 최초의 것이 아니고 생존의 필요성의 결과이다. 홉스는 열정의 논리를 전개했다. 그는 증오——필연적으로 살해의 증오, 타자의 희생에서 나타나는 의지——를 근원과 원리로 삼는데, 거기로부터 사회 관계는 형성될 것이다. 그리하여 우리는 당신이 아버지 살해와 금기의 제도 사이에서 상정하는 것과 유사한 논리적·중간적 단계들을 생각할 수 있다.

아   순 사실 홉스는《시민 또는 정치의 기초》[118]에서 〈이성이 없는 몇몇 동물들 사이에서는 질서를 잘 유지하는 것만으로도 화합이 이루어지는데, 왜 인간들 사이에서는 그렇지 못한가?〉라는 제목이 있는 장에서 그 문제를 직접적으로 다룬다. 그는 다음과 같이 아리스토텔레스를 상기시킨다: "아리스토텔레스는 **정치적**·사회적 동물들 가운데 인간·개미·벌, 그리고 여러 다른 종들을 열거한다. 그 다른 종들은 치안 기능에 따를 수 있고, 계약할 수 있는 이성을 비록 사용하지 않지만, 달아나거나 무언가를 쫓거나 그들의 행동을 어떤 공통된 목적으로 이끌거나 그들무리를 매우 고요한 평온 속에 머물도록 하는 것이 문제가 될 때 그들이 동의함으로써, 그래도 역시 우리는 그들에게서 결코 폭동이나 소동이 일어나는 것을 보지 못한다. 그러나 그들의 집합은 전혀 **시민 사회**의 이름값을 하지 못하는데, 그래서 그들은 그야말로 정치적 동물이다. 왜냐하면 그들의 통치 형태는 하나의 동일한 목적을 향한 여러 의지에 대한 동의이거나 일치에 불과하지 유일한 의지는 아니기(마치 진정한 시민 사회 속에서는 필요불가결한 것처럼) 때문이다. 이성이 없고, 단지 감각과 식욕에 의해서만 행동하는 피조물들에게 있어, 이러한 동의가 매우 확고해서 그들 사이에서 화합을 유지하고 좋은 관계를 지속시키도록 하기 위한 다른 접착제가 필요 없는 것은 사실이다."[119] 그러나 그는 또한 이렇게 덧붙인다. "인간에 대해서는 그렇지가 않다. 왜냐하면 첫째로, 인간들 사이에는 다른 짐승들에게서는 결코 찾아볼 수 없는 명예와 존엄에 대한 논쟁이 있기 때문이다. 이런 논쟁으로부터 **증오**와 **선망**이 나오는 것처럼, 또한 인간들이 서로를 무장시키는 분쟁과 전쟁은 이 두 가지 사악한 열정으로부터 나온다. 짐승들은 그 점을 전혀 두려워할 이유가 없다.

둘째로, 개미·벌 그리고 그와 유사한 다른 동물들의 자연적인 식욕은 완전히 일치하고 공통선(共通善)을 지향하는데, 그것은 그들의 개별선과 전혀 다르지 않다. 그러나 인간들은 거의 모두 이런 나쁜 재능을 지녔는데, 그들은 어떤 물건을 소유한 자가 동료들 위에서 특권을 누리고, 특별히 우수한 등급을 획득할 경우에만 겨우 그 물건을 좋다고 평가한다.

셋째로, 이성이 없는 동물들은 그들의 치안 기능에 있어서 어떤 결점을 보거나 본다고 상상하지 않는다. 그러나 공화국 안에서는 그것이 아무리 적다 하더라도 다른 사람들보다 많이 알고 있다고 믿고, 자신들의 의견을 고집하고, 혁신을 통해 시민 전쟁을 불러일으키는 다양한 사람들이 항상 존재한다.

넷째로, 인간은 언어를 갖는데, 그것은 사실상 반란의 나팔이고 전쟁의 불씨이다. 그것은 페리클레스에 관해 말하자면, 그가 연설로 천둥을 치고 벼락을 치며 그리스를 온통 불태웠던 것을 누군가에게 전하라고 했던 그런 것이다.

다섯째로, 짐승들은 **모욕과 유감**을 전혀 구별하지 못한다. 그들은 자신들을 귀찮게만 하지 않는다면 동료들을 가만히 내버려두기 때문이다. 그러나 인간들 사이에서 대중의 평온을 가장 어지럽히는 자는 가장 한가로운 여가를 즐기는 사람들이다 [……].

마지막으로, 나는 짐승들 가운데서 우리가 보아 온 동의 또는 화합은 자연적이라는 점을 말할 것이다. 그런데 인간의 화합은 계약으로 맺어져 있으므로 인위적이다. 따라서 그들이 평화롭게 살기 위해서 뭔가가 더 필요하다 하더라도 그것은 놀라운 일이 아니다.

이상으로부터 나는 채용된 동의, 즉 계약으로 맺어진 **사회**는 이 고통의 공포 속에서 개별성을 유지하는 탁월하고도 일반적인 어떤 세력이 없이, 인간들에게 **자연의 정의**(正義), 다시 말해 우리가 구축했던 자연의 법칙들을 행사하기 전에 그들이 가져야만 할 보증과 경계를 부여하는 것만으로는 충분하지 않다고 결론지었다."[120]

이처럼 홉스는 모든 인간 사회에서 작용하는 긴장, **증오**, **선망**들을 인정함으로써 더불어 법, 계약, 그리고 권리[121]를 예측한다. 그것은 디드로가 그를 주목했던 바와 같다.[122] "제네바의 루소 의 철학은 거의 홉스의 것과는 반대이다. 한쪽은 인간의 본성이 선하다고 믿고, 다른 쪽은 악하다고 믿는다. 제네바의 철학자에 따르면, 자연 상태는 평화의 상태이다. 맘즈버리의 철학자에 따르면, 그것은 전쟁 상태이다. 우리가 홉스를 신뢰한다면 인간을 더 나아지게 했던 것이 법과 사회의 형성이고, 루소를 신뢰한다면 인간을 타락시켰던 것도 바로 법과 사회의 형성이다."[123]

중요한 구별이다. 왜냐하면 우리는 정신분석가들이 협회의 중심에 그들을 묶어두는 계약을 종종 무시함으로써, 어떤 방식으로 모든 제도에 내재하는 투쟁이나 증오를 부인하도록 이끄는 루소의 이상주의 속에서 동요하지 않는지 자문할 수 있기 때문이다. 사실상 도시에는 제도 자체에 연결된 증오가 존재하고, 사회 관계의 구성 요소들 중의 하나를 구성하는 것처럼 보일 수 있는 것이 바로 이 증오이다. 이러한 증오는 사회적 활동 속에 도입되기 위해 순식간에 나타난다. 문명의 역사가 경험했던, 폭력과 파괴의 행렬을 수반한 대혁명들은 그 예가 된다. 내가 자유로운 증오라고 명명할 것이며, 내 생각으로는 훨씬 더 파괴적인 또 다른 형태의 증오가 남아 있다. 긴장의 가장 건설적인 부분의 부정과 그 거부는 표적을 혼동하는 만큼 더욱 위험스러운 증오를 긴장 대신에 가져오는 것이 아닌가? 이러한 증오는 집단들의 연속적인 균열과 분열의 요인이 되고, 분출하는 바로 그 순간에 살며시 나타난다. 그런데 이런 균열들은 15년이 넘도록 우리 자신의 **환경** 속에서 끊임없이 신호를 보내는 것, 즉 해체를 찬양하는 경향을 집단의 내부에 직접적으로 재생하기 위해 생겨난다.

홉스의 사유로 되돌아온다면, 그가 창조하려는 유토피아——왜냐하면 바로 유토피아와 관련이 있기 때문이다——는 많은 사람들이 공유한 이러한 경향을 막으려는 최초의 배려를 지니는 듯하다. 즉 증오를 오인하고 거부하는 것, 그것은 인간의 속성일 것이다.

홉스로부터 마르크스에까지 이르는 정치적인 **것**을 생각하는 사람들을 계속해서 불안하게 했던, 국가 내부에 있는 긴장의 조절은 모든 사회 생활을 불가능하게 하지만 항상 유목민의 모델로 돌아오는 것을 가능하게 만드는 분열의 경향을 피하려——국가의 파괴를 소망하는 사람들에게서조차도——한다. 유목민은 분석 제도의 소아병과 같다. 바티칸의 모델 위에 세워졌고, 성청(聖聽)과 종교재판소에서 보조를 받았던 국제연맹을 원용하는 그 유목민은 교회나 국가(창설 후에 끊임없는 단절을 인식하지 않을 수 없는 것)와 같은 자격을 갖는 일종의 인위적인 군중이다. 그때 그 유목민은 끝없는 자아 도취적 이기주의를 표명하는 닫힌 영역이 되는 그런 비조직화된 무리들에 속하지 않는다.

프로이트가 우리에게 군중에 관해서 말했고, 그 기능이 자아 도취적 이기주의를 제한할 것이라는(그 내부에서만 발휘되는 한계) 것과는 반대로, 우리는 또한 거기서 분석가 양성과 법안 제정(유지하기 위한)이 우선적이고도 근본적으로 구성원들끼리의 새로운 정서적 관계 수립으로 특징지어져야 한다는 논박할 수 없는 증거를 보아야만 한다.[124]

자기 파괴적인 표류를 허용하는 분석 집단의 내부에 이러한 실용적인 사안들을 도입하는 것은 어렵지 않은가?

분석가의 기능의 국가에 의한 조정을 수용함으로써 필연적으로 어떤 권력에서 소외되지 않는 것으로 만족하는 오류, 이러한 오류와도 같은 정신분석에 내재하는 욕구는 지금까지 어떤 다른 제도도 이러한 규모에서 마주치지 못했던 분열 과정의 **원인** 자체가 된다.

나는 친구이자 동료인 아타나즈 차바라스 다텐과 함께 이러한 아포레마를 검토해 보았다. 모든 연구 집단, 교원 단체, 의사협회 (이 협회는 이를 근거로 삼아 유대인 의사들을 제거하기 위해 페탱에 의해 창설되었다는 것을 잊지 말자)는 제도를 향한 직업의 의무와 권리를 결정하는 국가의 소관인 외적인 강요를 필요로 한다. 한계를 정하는 이러한 보증은 집단 전체에 내재하는 긴장과 분열이 이런 갈등에 대한 다른 해결책에 단지 증오스런 보복과 파괴만을 찾는 것을 피하도록 해준다.

반면 분석 단체에 포함된, 소위 국가의 강요에서 해방된 대타자는 한계로서 나타나는 것이 아니라 외적인 것에서 내적인 것으로 되고, 권리와 법의 협약을 피함으로써(홉스가 진술했던 구별을 다시 이용한다면[125]) 세워지는 권력의 구현으로 나타난다. 그렇게 해서 모든 분석 집단들——IPA의 구성원들을 포함해서——은 물질성, 지도자의 육체의 실제, 그리고 그의 승천과 마주하고 있는 자신들을 보게 된다.

모두가 성찬식에서 권위의 논거로서 휘두르게 될 이론의 천재적 작가인 창설자의 **실제적** 육체의 현존 속에서 일체가 된다.

가능한 외재성이 없는 이 칩거 생활은 각 분석 집단을 상상의 타르타르 사막의 경계에 세워진 요새로, 분석가들을 포위당한 군인들로 변형시킨다. 그래서 기록된 페이지들을 성수의(聖壽衣)로, 그들의 말을 창설자 아버지의 모방으로 삼음으로써 그들 개인의 유목민이나 친위대의 보호 덕택에 이론의 성스러운 십자가의 진짜 조각을 탈취하는 것은, 그들이 생활 속에서 갖는 한 가지 유일한 목적이다.[126]

당신의 질문의 두번째 부분과 관련하여, 나는 1995년 12월, 프랑스를 뒤흔들었던 파업중에 일어났던 일을 참조함으로써 대답하고자 한다. 모든 평자들은 이렇게 단언했다. 사람들은 행복했다. 이 파업 때문에 생활에 엄청난 불편을 겪었던 사람들도 마찬가지였다. 여기서 한 가지 작은 일화를 들어 보자. 이 기간 중 어느 날 나는 한 부인——가장 희화적인 의미의 용어로 부인——을 무료 편승시켰는데, 그 부인의 행동이나 말 그리고 태도는 그녀를 **위대한 저녁**의 환상들이 있는 수많은 장소로 데려다 놓고 있었다. 그런데 그녀는 행복해했다. 왜냐하면 그녀는 자신이 말했듯이 "그때까지 서로 말하지 않았거나 서로에게 고함을 질러댔던 사람들 사이의 관계"를 다시 회복하도록 허용했던 투쟁의 중심에 있었기 때문이다. 이러한 사회 관계, 긴장, 그리고 그 관리의 재구성은 그녀에게 다시 활기를 불어넣어 주는 것 같았다. 그녀는 몹시 기뻤다. 공산주의를 통해 재현된 이러한 희망에 대한 스탈린주의적·관료주의적 희화의 붕괴(내가 잠시라도 유감스럽다고 생각지 않은 것)가 수반된 '연약한' 이데올로기가 **노이에스 포룸**(Neues Forum)[127]이 격찬했던 민주주의에 자리를 남겨두었던 것이 아니라, 여기서는 민족 사상의 승리에, 원한의 이데올로기의 승리에, 그리스정교의 신부·랍비·주임사제·회교 지도자, 그리고 괴물 같은 적갈색(붉기보다는 더욱 갈색인) 잡종의 복귀의 승리에 자리를 남겨두었고, 그리고 다른 곳에서는 떠돌고 보편화된 증오를 기반으로 해리와 분할 과정을 촉진하는 데 알맞은 어떤 합의를 위해 희망의 상실에 자리를 남겨두었다는 증거. 희망의 자리에 증오를 자리잡게 하는 것은, 사회적 긴장을 무너뜨리려는 열망에서 나온 파괴 행위의 총체가 아닌가?

그러나 당신의 몇 가지 질문이 **EFP**의 주변을 맴돌기 때문에, 나는 몇 년 동안 이 학교의 내부에 종종 심하게 적대적인 집단들이 병존하고 있었다는 점을 말할 것이다. 그런데 그들은 라캉과 라캉의 학파에 대한 사랑으로 모두가 결합되어 있었다. 그러나 또한 작업의 관계·규약·총회(물론 종종 조작된)——해체로 가장된 **로크 아웃**[128]으로 산산조각이 났던 최소한도의 제도적 생활——를 통해서도 결합되어 있었다. 이런 **로크아웃**은 몇몇 사람들에게 **EFP** 안에서 질서를 유지하는 것이 필요해 보였을 때 구체화되었다. 사회 관계의 실패를 분석 집단의 통치 방식으로 삼았고, 그후 기억할 만한 것, 아니 정확히 말해서 잊어버릴 수 없는, 다시 말해 외상적인 모델로서 영속되었던 사건은 이러했다.

소베르작 프로이트학교는 라캉 개인의 전이, 그뿐만 아니라 그가 제시했던 것에 근거를 두고 있다. 이 학교는 여러 가지 차이에도 불구하고 그것을 성립하게 만들었던 이론적·임상학적 기반을 갖고 있었다. 반면에 분열의 증가는 오늘날 집단들 속에 내부의 영속적인 적대감을 불러일으켰던 것 같다.

이 과격파들은 무엇을 생산했는가? 그들은 원하지도 않으면서 초월할 수 없는 유명한 라캉 같은 사람을 넘어서 프로이트의 영향력을 고양함으로써 필요 이상으로 라캉의 죽음을, 아버지의 죽음을 낳는다. 우리가 아버지를 만드는 반면, 라캉에 의해 열린 길들 중의 하나는 아마도 이러한 아버지의 문제에 매혹된 채로 남아 있지 않을 가능성——어쨌든 분석 집단에게는——이었을 것이다.

아   순 당신의 지적은 세 가지 답변을 요구한다. 사실 우리는 좀처럼 라캉의 시체를 먹어치우지 못한다. 그런데 토템적인 축제의 특성은 단 한번만 일어나는 것이다. 우리가 유대인의 종교에서 그 흔적들을 찾아볼 수 있는 원리이다. 유월절 저녁에 신자들은 어린 양고기를 먹어야 했고, 나머지는 불태워졌다.

두번째 답변은 이론의 영역에 속한다. 라캉은 **'아버지의 이름'**이라는 용어로 아버지를 상기시켰던 최초의 사람이다. 그런데 **아버지의 이름**은 상징적 아버지를 표상하기 위한 어떤 유일한 이름이 없기 때문에 풍부한 수단을 표상한다. 그리고 분석 이론을 표상하기 위한 유일한 이름도 없다. 라캉은 결코 **'아버지의 이름'**에 기반을 둔 세미나를 개최할 수 없었다. **'아버지의 이름'**에 관해 말함으로써 무엇을 상실할 우려가 있었을까? 엘리자베트 루디네스코는 라캉 자신이 부자 관계의 문제에 사로잡혀 있던 순간에 이 세미나를 개최해야 하는 일에 봉착했던 어려움에 주목한다. 그러나 라캉의 삶과 저작 그 자체에서 상당히 중요한이러한 전기적인 참조를 넘어서 다른 사실을 고려해야 한다. 라캉은 유일한 아버지의 지위를 내놓을 수 없었다. 현재 라캉이 교리 창설자의 자리를 차지하는 것으로 보는 것은 상당히 위험스러울 것이다. 그의 저작이 상당히 퇴색되었기 때문이다. 라캉의 저작이 이 이중적 과정에서 생존할 것인가? 우리는 단지 프로이트만으로 만족할 것인가? 나로서는 라캉의 저작과 더불어 조망하지 않고서는 프로이트를 읽을 수 없다. 다음 세대는 사정이야 어떠하든 우리들의 변덕과 불일치 때문에 괴로움을 겪을 수밖에 없을 것이다. 그렇게 해서 그의 저작은 종종 구식이 된 아포레마에도 불구하고, 개혁적인 것처럼 나타난 낡은 이론의 톱의 복구를 조장할 만큼 부족할지도 모른다. 따라서 총체적으로 분석 제도를 재고하고, 어떤 방식으로든 라캉을 인간화하고, 그를 대타자가 아니라 한마디로 인간적이고 죽음을 면할 수 없는 주체, 누구나처럼 평범하면서도 동시에 비길 데 없는 타자로 만드는 것이 문제가 된다.

소베르작 우리는 분석 단체의 역사를 최초의 거짓에 의존하는 것, 즉 필연적으로 모든 제도를 관통하는 증오에 대해 전혀 이해하려 하지 않는 가양자(proton pseude)로 해석할 수 있는가?

아　순 당신의 질문에 답하기 위해서는 **가양자**에 바쳐진 프로이트의 결론 부분을 인용해야 한다. "불쾌의 생성 투자가 주의에서 벗어날 수 있다면 자아의 개입은 너무 늦을 것이다. 히스테리성 가양자의 증례에 도달하는 것은 정확히 거기서이다. 주의는 일반적으로 불쾌를 불러일으킬 수 있는 지각 작용에 집중된다. 그러나 여기서 이러한 불쾌를 느닷없이 불러일으키는 것은 지각이 아니라 어떤 기억의 흔적이며, 자아는 이 불쾌를 너무 늦게 발견한다."[129]

이러한 불쾌에 대한 참조는, 분석가들이 어떤 방식으로든 집단 전체가 공유한 가족 소설을 구성하는 경향이 있는 그들 역사의 유의 변전에 종속되는 한 상당한 중요성을 갖는다. 사실상 분석가가 되려고 하는 주체가 만나는 순수 욕망과 관련하여 내가 개진했던 가설들을 참조한다면, 각각의 분석가는 분석되지 않은 과정들이 감춰진 채 수수께끼로 남아 있고, 그런 과정들이 끊임없이 회귀하려는 불쾌의 폭력에 종속되어 있는 만큼 인정되지 않는 불쾌가 더욱더 폭력적으로 반복되는 것을 볼 수 있다.

가양자의 회귀와 동시에 자아 속에 죽음 충동의 등록[130]이기도 하고, 또한 분석가가-되는-분석자가 진입하는 통과를 알리는 등록의 회귀를 상기시키기 위한 다른 용어인 순수 욕망의 만남은 생성이 중단된 채로 남아 있을 수 있다. 지금까지 치료의 종결과 어떤 사람들에게는 전이의 약화와, 또 다른 사람들에게는 '탈존재'에 관해 제시된 어떠한 이론화도 분석 종결에서 꾸며지는 것을 고려하지 않은 것 같다.

알랭 디디에-베일은 《법의 세 시기》[131]에서 이것을 아주 정확하게 지적했다. "정신분석의 분열에 관한 역사를 써야 한다면, 우리는 이런 분열이——예외 없이——이론적 대립에서가 아니라 집단의 집단적 초자아에 의해 생겨난 박해의 충격의 결과에서 나온다는 점을 인정할 수밖에 없다.

한 협회를 지배하는 법이 너무나 열광적일 정도로 초자아적이라면, 그것은 제도가 가입한 분석가에게 있어 박탈되었던 대타자를 다시 일으켜 세운다는 점을 받아들임으로써, 그가 자신의 분석 종결에서 안다고 가정된 대타자로 삼았던 애도로 되돌아오는 경향이 있기 때문이다.

몇몇 제도 속에 퍼져 있는 불편은 분석가들이 분석자의 긴의자 위에서 쟁취했던 것을 포기하기에 이르렀던 것이 **용서될 수 없다는** 사실의 결과이고, 특히 말의 상정에 연결된 여성화의 결과라는 것은 사실임직하다."[132]

그는 이처럼 《분석 종결, 정신분석의 궁극성》[133]에서 다음과 같이 확인하는 마틸드 트로페르의 가설에 동의한다. "담론 속에서 여성성의 배제와 관련하여, 정신분석가들이 자신에 관해 말하는 방식은 [……] 이러한 성적인 것의 배제와 연결되어 있고, 본래의 증오와 관련이 있는가?"[134]

'본래의 증오'가 본래 타자에 대한 증오일 뿐이라는 점을 주목하게 함으로써 내가 동의할 수밖에 없는 단정이다.

그러나 알랭 디디에-베일은 계속해서 말을 이어간다. "그렇게 말하고서, 우리는 또한 분석 단체들 속에서의 불편이 다음과 같은 사실에 연결되어 있다는 점을 인정해야 한다. 인간의 권리에 관한 인문주의적 이데올로기에서 나온 민주주의의 법을 통해 구조화된 것으로서, 이 단체들은 정신분석에 의해 추진된 것과 마찬가지로 상징적인 법의 초월적 차원을 떠맡을 수 없다."[135]

그는 그렇게 함으로써 인문주의나 인간의 권리(물론 그 한계를 갖고 있다)에 대한, 그리고 하이데거와 라캉의 몇몇 텍스트에서 물려받은 이 증오에 양보하지 않는가? 민주주의를 경시하는 상징적인 법이 분석가들 상호간의 협회 내부에서 단지…… 시민들에 불과한 분석가들에 의해 작동될 때, 이는 전제주의에 속하는 것이 아닌가?[136]

분석 종결에 의해 제기된 문제들은 분석자가 자신의 분석가를 다시 만나는 제도 속에서 반복될 수 있는 만큼, 이러한 문제들은 그들의 기록들을 통해서(그리고 종종 협회나 학파의 구성원들과의 접촉을 통해서) 제도 자체나 세미나에서 분석을 추구했던 프로이트와 라캉의 도식에 따라——라캉의 고백에 의하면——상당히 일을 복잡하게 할 우려가 있다.

공통의 운명이라는 것——그리고 사정이 어떻게 다르겠는가?——, 그것은 우리가 프로이트와 라캉에 의해 중단된 채로 남아 있는 분석 종결과 분석에 대한 질문을 제기하지 않을 수 없게 한다. 제도의 공간에서 내보내진 것 같은 **가양자**의 문제를 끊임없이 제기하는 것은, 우리가 자주 드나드는 협회와 치료 자체를 가로지르는 이러한 사랑과 증오의 시간을 설정하는, 지식의 가정과 탈가정의 운동이 아닌가?

그 이후에 이런 집단들에 침투하는 불쾌의 회귀 위협은 불쾌에서 벗어나기 위한 집단으로부터의 탈출 시도나 우울화의 과정을 촉발할 위험이 있지 않는가? 수수께끼가 된 계약에 의해 결합된 분석가들이 그들의 이상을 손상시키는 이 최초의 거짓과 마주하고 있는 것을 볼 때, 불쾌는 증오를 불러일으킨다.

마침내 나는 1918년 10월 27일, 프로이트가 페렌치에게 보낸 외상적 전쟁신경증에 관한 편지의 발췌문을 인용하면서 결론을 맺을 것이다. "나는 이순간 대개 머리가 텅 빈 것 같다가 아침에 깨어나면 생각이 떠오른다네. 외상적 전쟁신경증에 관한 최근의 생각은 자네의 처분에 맡기네. 그것은 아마도 일종의 꿈의 구성에 불과하다네.

습관적인 것과 전쟁이 강요했던 것이라는 두 개의 **자아 이상** 사이의 갈등이 문제가 되네. 후자는 전적으로 최근의 대상 관계에 근거를 두고 있고, 따라서 대상 투자, 말하자면 자아에 일치되지 않은 대상 선택과 대등한 것으로 간주되어야 하네. 이러한 사실로부터 갈등은 정신신경증 속에서처럼 전개될 수 있다네. 이론적 차원에서 중요한 일은 정확히 리비도의 대상 투자를 토대로 **새로운 자아**가 발전하는 것일 텐데, 이 자아는 이전의 자아에 의해 타도되어야 하네. 자아와 리비도 사이의 투쟁 대신에 자아 속에서의 투쟁, 그러나 이것은 근본적으로 동일한 것이네.

그것은 우울과 비교할 수 있을 것이네. 거기에서도 또한 새로운 자아가 생겨나는데, 그러나 여기서는 **이상이 없고, 텅 빈 채로 남겨진 대상 투자**를 토대로 한다네."[137]

우리가 개척하려고 시도했던 모든 것은 이러한 확인의 방향으로 진행된다. 나는 분석 운동의 역사가 전술한 전쟁 외상의 흔적이 남아 있는 것과 별로 다르지 않다고 생각한다. 그래서 그만큼 분석가들은 자살, 심각한 신체적 애착과 우울화의 이상, 그리고 역사적 기억의 상실, 즉 수십 년 동안 그들을 슬프게 했던 바로 그 상실의 장소를 차지하게 된 파괴적인 증오의 이상이 없는 이 자아에 그들의 공물을 현찰로 바쳤다.

이러한 상실은 주체의 모든 정신 영역을 차지하는 것처럼 보이는 파국의 과잉 투자와 병행한다. 그러나 파괴에 대한 매혹, 기억에 대한 예찬은 주체의 생존에 알파와 오메가가 될 때, 망각, 다시 말해 역사에 대한 글쓰기의 원리 자체에 속하는 이러한 억압 작업의 부분을 금지할 수 있다.

무시무시한 무의지적 기억에 잠겨 있었던 사람들에게, 나는 프로이트가 페렌치에게 보낸 몇 구절을 바치고자 한다. "때맞추어 자네 조국의 리비도를 끌어내어, 그것을 정신분석 속에서 보호하게. 그렇지 않으면 자네는 반드시 기분이 나빠질 것이네."[138]

결론을 대신해서, 나는 우리 분석가들을 위하여 이 구절을 다음과 같이 수정할 것이다. "때맞추어 우리 집단·협회·제도의 리비도를 끌어내어, 그것을 정신분석 속에서 보호합시다. 그렇지 않으면 우리는 반드시 기분이 나빠질 것입니다."

주 석

1) In *Œuvres complètes*, Roland Caillois 번역, Madeleine Francès, Robert Misrahi, Paris, Gallimard, Bibliothèque de la Pléiade, 1954.

2) Paris, Aubier, 1989.

3) Paris, Aubier, 1995.

4) 나는 군대(軍隊)라 부른다.(〈마가복음〉, 5:9) 이때 군대(légion)는 다수 (multitude)를 의미한다.〔역주〕

5) Georges Gougenheim, 《역사와 삶 속의 프랑스 단어 *Les Mots français dans l'histoire et dans la vie*》, tome II, Paris, A.E.J. Picard, 1966, 〈증오에서 반감까지 De la haine à l'antipathie〉, p.25.

6) Jaques Lacan, *Le Séminaire, livre XX, Encore*(1972-1973), Paris, Seuil, 1975, 〈지식과 진실 Savoir et vérité〉, pp.83-95.

7) Jaques Lacan, séminaire du 13 mars 1973, *ibid.*, p.82.

8) Jaques Lacan, 〈신과 여성의 향락 Dieu et la jouissance de la femme〉, in *Le Séminaire, livre XX, Encore, op. cit.*, p.64.

9) *Ibid.*, p.64.

10) 이 두 용어에 대해서는 다음을 참조하자. "오늘날에는 환자 대신 분석자(analysant)라는 명칭을 쓰는데, 어쨌든 분석가(analyste)가 환자와 함께 자기 나름의 분석을 행하는 과정에서 환자에 대한 분석을 행하는 것은 환자 자신이다. 우리는 분석가에 의해서 분석되는 것이 아니다. 분석의 경험이 있고, 정해진 시간 동안 우리의 말을 청취하기로 약속한 어떤 사람과 함께 우리가 우리 자신을 분석하는 것이다. 분석가는 우리가 자기 앞에서 아무런 구속 없이 말하는 것 중에서 우리에게 중요하거나 진실한 것을 가리켜 보이는 역할을 한다. 그리고 우리 자신의 분석에 참여하면서, 동시에 분석가 나름의 분석을 진행시켜 나간다."(장 벨맹-노엘, 《문학 텍스트의 정신분석》, 동문선, 2001, p.155)〔역주〕

11) 그리스도교 시대의 1세기부터 유대교가 피르케 아보트(선조의 계

율)·미슈나·탈무드를 통해 예고되었다가 소멸된 추방과는 양립할 수 없는, 본질적인 초월에 대해 내재성과 사랑의 차원을 도입하게 되었다는 점을 주목해야 한다.

12) 프로이트에게 있어 동일시의 최초 형태가 아버지의 **합일**에 속한다는 점을 여기서 상기하자. 여기서는 이러한 아버지에서 아들로의 이동을 강조하는 것이 우리에게는 흥미있어 보인다.

13) 이러한 아버지와의 동일시 형태는 아버지를 죽음의 차원으로 인도하는 형태이고, 주체에게 있어 **죽음**의 기표를 등록하는 형태이다.

14) 12-13세기에 프랑스 알비 지방을 중심으로 퍼진 이단 종파.〔역주〕

15) 우리는 《세미나, 9권, 정신분석의 네 가지 기본 개념 Le Séminaire, livre XI, Les Quatre Concepts fondamentaux de la psychanalyse》, Paris, Seuil, 1973에서 충동의 도식 속에서 사용하고 있는 라캉의 이 용어를 다시 사용한다. 라캉에게 있어 이 목표(goal)라는 용어는 프로이트식 충동의 목적(but)과 등가를 갖는다.

16) 13세기 스페인에서 시작된 이 때늦은 창설은 조하르, 그리고 한참 후에 레칸티·코르도베로·비탈 칼라브레세 또는 이삭 루리아와 같은 이탈리아와 근동의 카발라주의자들의 신비 신학의 시발이 된다.

17) 엄격한 유대의 정통성의 관점에서 신은 두번째 신전이 파괴되고 나서 역사에서 물러났다. 게다가 신성이 한번도 인용되지 않은 〈에스더〉서(書)가 유대의 성서 성전에 포함되었던 것도 이러한 이유에서이다. 성경 속의 〈에스더〉서의 현존은 이런 이유로 본보기가 되며, 유대인들의 역사 밖으로 신의 후퇴를 표명한다. 아우슈비츠 이후에 파켄하임이나 루빈슈타인 같은 미국의 유대 신학자들은, 유대인이 인간들 가운데 가장 불쌍한 것으로 드러났던 시간에 신성의 근본적인 부재의 문제를 제기했다.

18) 사물 자체(das Ding)는 처음부터 외부에 고립되어 있는 것 같다. 그것은 '본질적으로 낯선 것,' 동화되지 않는 것이다. 이러한 낯선 것(라캉은 이것을 부재나 구멍으로 지칭한다)은 주체에게 하나의 지시체로 작용할 수 있을 것이다. 그것은 영원히 잃어버린, 어떤 의미로는 언젠가 완전히 잃어버릴 원초적 대상일 것인데, 왜냐하면 항상 그 대상을 되찾는 것과 관련되기 때문이다. 이런 이유로 그것은 주체에게 비교할 수 없는 욕망을 측

정하도록 해줄 지시체이다. 그런데 이러한 대상의 탐색을 지배하는 쾌락원칙은 항상 이 대상과 거리를 유지한다. 충족의 대상들, 충동적 대상들은 사물 자체가 아니라 오히려 유혹이고, 유혹하는 장소이다. 이 점에 대해 라캉은 인간의 본질적인 법칙이 근친상간의 금지라면, 그 법칙은 진술되는 바로 그 시간에 그 법칙이 금지하는 근친상간의 욕망이 가장 본질적인 욕망이라는 것을 가리킨다는 점을 상기시킨다. 또한 사물 자체는 원초적이고 오래된 어머니, 근친상간의 표적이 된 어머니를 나타낸다. 이러한 원초적 대상에 대하여 일단 거리가 형성되면, 금지된 것과 마찬가지로 체험된 근친상간 욕망의 실현은 사실상 불가능해진다. 어머니와의 근친상간의 향락이 불가능한 것은 말이 존재하기 위한 조건 그 자체이다. 사물자체와의 거리는 라캉이 **파를레트르**(parlêtre)라고 명명하는 말하는 주체의 실존 조건이다. 따라서 라캉은 상징·상징계가 사물 자체의 살해라는 것을 주장할 수 있다.

우리는 이러한 가설들의 총체를 통해 승화 속에서 대상의 상황에 대해 말하면서 사물 자체에 새로운 차원을 부여할 수 있다. 욕망의 대상은 항상 상상적이지만, 특히 예술의 영역 속에서 사회적으로 가치를 부여받고 문화적으로 인정될 수 있는 노고를 갖춘 나르키소스적 기원의 표시를 띠고 있다. 결국 승화는 '대상을 바꾸는' 데 있는 것이 아니라 '목적을 바꾸는' 데 있다. 승화는 대상을 사물 자체의 존엄으로까지, 동시에 부재로 드러나는, 비길 데 없는 것의 존엄으로까지 고양시키는 경향이 있다.

19) 프랑스 출신의 감독이자 배우인 카소비츠가 감독한 작품 《증오》(1995년)를 언급하고 있다. 이 영화에서는 인종 차별과 소외 계층의 불만과 범죄와 폭력이 포화 상태인 채로 존재하는 파리 근교의 방리에 거리를 펼쳐 보이고 있다.〔역주〕

20) '계급의 증오'는 간혹 독일어로 Klassenneid(계급 선망)로 쓰인다는 것을 상기하자. 이 Klassenneid는 증오와 선망 사이의 연결 지점에 있는 프로이트의 Neid에 대해 상세하게 설명하는 것이다. Neid는 선망을 의미한다.(참고; Penisneid는 페니스 선망)

21) Marc Angenot, 《원한의 이데올로기 *Les Idéologies du ressentiment*》, Québec, Éditions XYZ, 1996.

22) "나는 증오를 갖고 있다. 그는 나의 종족에게 모욕을 주었다"라는 말은, 절망한 사람들의 늘어뜨린 머리카락(사람들이 그 중요성을 너무 과장하는)과 마찬가지로 삭발한 두개골과 탁월한 이론가들의 목적을 나타낼 공식들 중의 하나일 것이다.

23) 그는 나중에 이 개념을 포기하게 된다.《세미나, 9권, 정신분석의 네 가지 기본 개념 Le Séminaire, livre XI, Les Quatre Concepts fondamentaux de la psychanalyse》, op. cit., p.248의 결론에서 라캉은 다음과 같이 쓴다. "분석가의 욕망은 순수 욕망이 아니다. 그것은 절대적 차이, 원초적 기표와 대면한 주체가 처음으로 거기에 복종할 수 있게 될 때 개입하는 차이를 획득하려는 욕망이다. 거기에서는 단지 끝없는 사랑의 의미작용만이 솟아날 수 있다. 왜냐하면 그 주체는 법칙의 한계를 벗어나 있고, 단지 그곳에서만 살아갈 수 있기 때문이다."

24) 이 점에 대해 우리는 라캉에게 있어 $\frac{a}{S_2} \rightarrow \frac{S}{S_1}$ 라고 기술되는 분석가의 담론 속에서 대상 a ── 욕망의 원인 ── 는 '그것이 자기의 위치에 있음으로써 지식' (S_2)을 유지한다는 점을 상기해야 한다. "그 대상이 주체, 기표의 생산에 이르러야 하는 것……에게 질문하는 것은 바로 거기서이다."(Jacques Lacan, Le Séminaaire, livre XX, op. cit., p.84.)

25) 오스트리아 출신의 미국 영화감독 및 배우인 슈트로하임이 출현한 영화《위대한 환상》(1937년)을 언급하고 있는 듯하다. 장 르누아르가 감독한 이 영화의 무대는 제1차 세계대전말 여러 나라에서 잡혀 온 군인들로 가득한 포로수용소이다. 포로수용소장인 귀족 출신 폰 라우펜쉬타인(폰 슈트로하임 역)은 제네바 협정에 따라 신사적으로 포로를 대하지만, 포로들은 탈출을 계획한다. 이 영화에서는 귀족과 노동자 또는 자본가 사이의 계급 모순, 유럽 속의 유대인의 민족 모순, 종교 모순이 서로 충돌하고, 편견에 차서 증오를 드러내고 미워하고 맞서는 장면들이 펼쳐진다.〔역주〕

26) Georges Gougenheim,《사회 속의 단어 Les Mots dans la société》, op. cit., p.25.

27) 자크 라캉은《정신분석의 네 가지 기본 개념》(op. cit., p.55)에서 다음과 같이 쓰고 있다. "정신분석적 경험의 시초에 실재는 그 내부에 **동화될 수 없는** 것으로 존재하는 것의 형태로──모든 연속을 결정하고, 그

것에 어떤 기원을 우연적인 모습으로 강요하는 외상의 형태로──나타났다." 그래서 실재계 · 상징계 · 상상계의 라캉적 표상 속에서, 실재계는 쾌락 원칙을 방해하는 것이다. 그것은 **오토마톤**(automaton), 다시 말해 회귀, 기호의 강요를 넘어서 있다. 그것은 상징화를 벗어나는 것이고, 적어도 처음에는 상징화하기가 불가능한 어떤 것으로 나타나는 것이다. 이처럼 임상의학에서, 우리는 공포를 불러일으킴으로써 놀랍고도 예기치 못한 폭력의 침입처럼 나타나는 몇몇 역사적 경험들이 모든 상징화를 벗어난 것처럼 남아 있을 수 있다고 말할 수 있다. 이러한 사건들이 **실재계**에 속하는 것은 이런 이유에서 비롯된다.

28) '인간의 모습을 한 사회주의'의 옛 나팔수이고, 전 스탈린주의자인 로제 가로디가 매우 순진하게 유대인의 폭력의 초시간성을 입증하기 위해 〈여호수아〉기를 인용할 때, 그는 단지 수천 년 이래로 몇몇 열려진 문을 부수게 하고, 다음과 같은 유일한 진실을 밝히게 할 뿐이다. 결코 아무도 히브리 민족을 가나안 땅으로 데려갔던 사건에 대한 부정적인 역사를 부인하려 하거나 기록하려 하지 않았고, 마찬가지로 카인에 의한 아벨의 살해라는 이러한 문명의 창설 역사의 에피소드를 지우려고도 하지 않았다.

29) Jacques Lacan, 미간행 세미나 〈소타자에서 대타자까지 D'un autre à l'Autre〉, 1969년 5월 21일 회의.

30) 우리는 스탈린주의의 순수하고도 냉엄한 모든 투사들을 안다. 그러나 그들은 수십 년이 지난 후에 극우파 시온주의의 승리를 촉구하고, 프랑스의 아랍인들이 파멸은 아니라도 그들의 추방을 촉구하면서, 전통 우파의 신문에 기고하는 신문기자로 돌아오기 위해 '흰 블라우스'의 시온주의 음모의 주장에 찬동하기에 이르렀다…….

31) Jacques Lacan, 〈소타자에서 대타자까지 D'un autre à l'Autre〉, op. cit., 21 mai, 1969.

32) Ibid., 1969년 6월 18일.

33) Ibid., 1969년 6월 18일. 여기서 라캉이 단언하는 것과는 반대로 주인을 제거하는 것은 노예의 죽음이 아니라는 사실에 유의하자. 주인은 자신의 자리가 사도마조히즘의 흔적을 지닌 관계에 놓여 있는 것으로 간주

되는 경우를 제외하고는, 항상 자기의 자리를 차지한다.

34) 이와 같이 라캉은 타오르는 덤불 숲〔역주: 신이 모세에게 모습을 나타낸〕의 에피소드에서 신성이 모세에게 한 수수께끼 같은 대답을 해석한다. 〔원주〕 "Je suis ce que Je est"의 문장에서 앞의 'Je'는 1인칭으로, 뒤의 'Je'는 3인칭으로 쓰였다. 이것은 랭보의 "Je est un autre(나는 또 다른 타자이다)"라는 문장을 상기시킨다.〔역주〕

35) 이것은 르네 마그리트의 그림, 〈이것은 파이프가 아니다〉에 대한 참조일 것이다. 덧붙여 마그리트의 시각적 언어 비평의 뉘앙스와 모호함에 대한 탐구는 미셸 푸코의 동일한 제목의 저작을 참조하면 좋을 것이다. 〔역주〕

36) 여기서 유대 문화가 형성되었던 지리학적 공간――이집트――에서 모든 남자들은 할례를 받았다는 점을 상기하자. 이것은 오늘날까지 지속되는 관습인데, 왜냐하면 회교도들뿐만 아니라 코프트인(그리스도 단성론자)들은 모두가 의무적으로 이러한 의식을 따랐기 때문이다.

37) 이 기간 동안 라캉은 나중에 그렇게 할 수 있었던 것처럼, 욕망의 대상 **원인**이 아니라 여전히 욕망의 대상을 말할 것이다.

38) 사실상 라캉에게 있어, 주체의 거울상이 이상적이기 위해서 거기에 결핍된 것은 바로 이 부분이다. 이와 같이 거울상 속에 나타나지 않는 다른 대상들(목소리 같은)처럼 상상적 남근은 이러한 위상에 속하고……, 이러한 위상은 어떤 동성애자들이 남근의 장기를 표상할 수 있게 만들려고 필사적으로 시도함으로써 부인하려고 하는 것이다.

39) 라캉은 정신분석을 공식화하려는 시도로서 1955년의 작업부터 대수의 상징(대수학 algèbre)을 사용한다. 이러한 공식화의 작업은 정신분석이 과학의 지위를 획득하는 데 필요한 것으로, 라캉은 이것을 클로드 레비 스트로스가 인류학에 적용한 방식과 유사하게 정신분석에 적용한다. 또한 그는 직관적인 이해를 상징계의 접근을 가로막는 상상적 유혹으로 간주하고, 이를 예방하는 수단으로 이러한 대수학을 이용한다. 여기에 쓰인 대수학과 관련하여 몇 가지를 살펴보면 Φ(대문자 파이)는 **상징적 남근**을, φ(소문자 파이)는 **상상적 남근**을, 그리고 $-\varphi$(마이너스 파이)는 **거세**를 의미한다.(참조: 딜런 에반스, 《라캉의 정신분석사전》, 인간사랑, 1998, pp.103-

106) 아순은 **사물 자체**를 라캉의 대수학을 이용하여 재공식화한 $-(-\varphi)$로 사용하고 있다.〔역주〕

40) Jaques Lacan, 〈정신분석의 경험 속에서 드러났던 것과 같은 나의 기능 형성자로서의 거울 단계 Le stade du miroir comme formateur de la fonction du Je telle qu'elle nous est révélée dans l'expérience psychanalytique〉, in 《에크리 *Écrits*》, Paris, Seuil, 1966, p.94.

41) 대상 a와 $(-\varphi)$의 접합점은 라캉이 욕망의 유혹이라 부르는 것에 참조할 수 있는 것을 표상한다. 그것은 a와 $(-\varphi)$가 혼동되지 않는다는 점을 말하는 것이다. 만일 a가 대타자의 영역에 속하지만, 동시에 최초의 대타자의 '내재화(internalisation)' 작용으로부터 나오는 이러한 비-거울상(non-spécularisable)이라면, 만일 a가 항상 주체에게는 단일하고 주관적이고 고유하다면, 반면에 $(-\varphi)$는 거세가 필요한 시간에, 거세에 관련된 이러한 충동의 출현의 가능한 글쓰기일 것이다. 그것은 대상 a의 내적인 것(intime)이 언어 속에서 은유에 속할 외적인 것(extime)에 굴종할 수밖에 없다는 것을 전제로 한다. 달리 말하면 (항상 어려운) 문제는 욕망의 원인이 언어의, 또한 언어 활동의 효과로 이해되어야 함으로써 일종의 팔랭프세스트〔역주: 이 용어의 사전적 의미는 이중 사본, 즉 원래의 문자를 지워 없애고 그 위에 다시 문자를 써놓은 양피지(羊皮紙)의 사본, 가필 정정된 작품, (새로운 기억에 의한) 낡은 기억의 소멸 등이다〕 속에서처럼 새겨진 $(-\varphi)$와 a를 생각하는 것이다.

42) Jacques Lacan, séminaire du 15 mai 1963, *op. cit.*

43) Jacques Lacan, séminaire du 15 mai 1963, *op. cit.*

44) Oscar Bloch et Walther von Wartburg, 《프랑스어 어원학 사전 *Dictionnaire étymologique de la langue française*》, Paris, PUF, 1968, p.25.

45) 그것은 주체가 대타자로부터 기대할 수 있는 유일한 보증이다.

46) "〔……〕 어떤 말하는 존재가 여성들의 깃발 아래로 달려갈 때, 그것은 그 존재가 남근의 기능 속에 위치한다면, 전체가 아니라는 것에 근거를 둔다는 사실로부터 출발한다. 그……를 정의하는 것은 바로 이 점이다. 그 무엇이라고?——정확히 여성(la femme), 이것을 제외하면 그 여성(La femme), 그것은 $\bar{\mathcal{L}}$(La)에 빗금을 그음으로써만 씌어질 수 있다. 보편을 지

칭하기 위한 정관사, 그 여성은 없다. 그 여성은 없다. 왜냐하면——나는 이미 이 용어를 위험에 빠뜨렸는데, 왜 내가 두 번이나 거기에 신경을 써야겠는가?——그 본질로부터 그 여자는 전체가 아니기 때문이다 [……]."
Jacques Lacan, *Le Séminaire*, livre XX, *Encore*, *op. cit.*, p.68.

게다가 동일한 세미나에서 라캉은 우리에게 다음과 같이 말한다. "더구나 우리가 그 여성을 그렇게 부르는 것은 부적절하다. 왜냐하면 내가 지난번에 강조했던 것처럼 그 **여성**(la femme)의 그가, 전체가 아닌 것으로 진술되는 순간부터 쓰여질 수 없기 때문이다. 여기서 단지 빗금친 그만 있을 뿐이다. 이 **그**(*Là*)는 빗금침으로써 A의 기표와 관련이 있다." (*Ibid.*, p.75.)

47) 프로이트와 마찬가지로 라캉에게 있어 페니스가 신체 기관을 가리키는 반면에 남근은 하나의 상징, 욕망의 기표라는 점을 상기하자.

48)《개인적 정념 *Passions privées*》.

49) 만일 도착이 일종의 위반으로 받아들여진다고 간주한다면, 우리는 도착자가 성적 구조화의 도식 자체 속에서 동성애자가 위치시키는 현행 위반이라는 가설을 개진할 수 있다. 따라서 라캉 텍스트의 논리 자체 속에서 도착적 구조가 도출될 수 있다(비록 그것이 아직 도출되지 않았지만)고 확신할 수 있는 것처럼 보인다.

50) Janine Matillon, 〈유령들 Les revenants, Béziers 1209, Srebrenica 1995〉, in《현대지 *Les Temps modernes*》, juin-juillet 1966, n° 588, p.86-94.

51) *Ibid.*, p.92-93.

52) *Ibid.*, p.90.

53) 모리스 고들리에르의 용어를 다시 사용한다면. Cf. Jacques Hassoun, Maurice Godelier, 〈아버지의 살해, 성욕의 희생. 인류학적 · 정신분석적 접근 Meurtre du pére, sacrifice de la sexualité. Approche anthropologique et psychanalytique〉, in《아르칸 평론 *Les Cahiers d'Arcane*》, 1996, p.21-53.

54) Sigmund Freud, 〈우리(유대인)와 죽음 Nous(juifs) et la mort〉, conférence présentée à la loge B'nai B'rith de Vienne le 15 février 1915,

parue dans le périodique Zweimonats−Bericht für die Mitglieder der öst−
erreichisch−israelitischen Humanitätsvereine B'nai B'rith(volume 18, 1915,
n°1) et publiée(après qu'elle fut devenue introuvable) par Bernd Nitzchke dans
Die Zeit, n°30, 20 juillet 1990.

55) 〈전도서〉(1:1) "Havel, Havélim [⋯⋯]hakol havel(헛되고 헛되며 (⋯) 모
든 것이 헛되도다)"

56) 희생자를 내고, 무고한 프랑스인들을 죽였던 그 폭탄(코페르닉
(Copernic) 가의 테러가 있은 후 1980년에 한 장관이 말한).

57) Karl Marx, 《자본론 Le Capital》, Œuvres complétes, tome IV: 〈자본
생산의 과정 Le procès de la production du capital〉, Paris, Alfred Costes,
1950.

58) 처음에는 필롱 달렉상드리가, 이어서 유대의 율법학자들이나 중세 아
랍의 회교도들은 인간과 신의 관계만에 관련된 죄의 개념과 항상 사회 관
계를 이용하는――그리고 위태롭게 하는――잘못의 개념간의 차이를 아
주 잘 알았다.

59) 정통적이고 전통적인 유대교에 의해 강한 의심을 받았던, 기적을 만
드는 차디킴이나 회교의 은자들의 의심스런 경우를 제외하고 단지 성인
들의 계보만을 상상할 수 있는가?

60) Jacques Bertin, 〈일상적 치욕의 소식 Nouvelles de la honte quoti−
dienne〉, in Politis, 8 août 1996, p.5.

61) 내가《프로이트 연구 Études freudiennes》, n°34, 1994, p.23−32에 실
린 나의 논문인 〈순수 욕망 Le désir pur〉을 다시 손질했을 때.

62) 내 견해로는, 사람들은 정신분석가들의 제휴나 재편성에 관해서만
이야기할 수 있다. 분석법은 거의――전무는 아니라도――이 집단들 안
에서는 통용되지 않는다. 그리고 그것이 모습을 드러낼 때는 적용되는 것
처럼 보이는 이론의 가장 소외된 차원에서이다.

63) 그라노프에 의해 명백하게 공식화된 고전적인 구분.

64) 그가 자신의 소논문 〈1956년 정신분석의 상황과 정신분석가 양성
Situation de la psychanalyse et formation du psychanalyste en 1956〉(in
《에크리 Écrits》, Paris, Seuil, 1966, p.459−491)에서 고위 간부들에게 준비

해 두었던 **거북스러운 자**들, **도취자**들, **거만한 자**들이라는 별명들과 더불어 분석 단체들에 대한 신랄한 비판을 참조하라.

65) 여기서 스핑크스는 프랑스어로 la Sphinge로 쓰였는데, 뒤에 나오는 로하임의 작품명에서는 Le Sphinx로 쓰였다. "프랑스어에서는 여성 정관사를 붙여 'la Sphinge'라고 쓰던 것을 16세기 이후로 남성 정관사를 붙여 'le Sphinx'라고 쓰는데, 이는 아마도 '스핑크스(Sphinx)'라는 고유명사 앞에 붙는 '괴물(le monstre)'의 뜻을 함축하는 듯하다. (그리스어로는 'Sphinx'는 '질식'을 의미한다.) 스핑크스의 착종된 이미지는 이집트에서 유래하였고, 고양이과 짐승의 그 몸뚱이(사람의 얼굴에 맹금류의 날개를 단)에는 때로는 여성적인, 때로는 남성적인 속성이 부여되었다."(장 벨맹-노엘, 《문학 텍스트의 정신분석》, 동문선, 2001, p.155) 〔역주〕

66) 내가 처음으로 〈신화에서 이론으로의 이행 용어로서 [죽음-아이] L'[enfant-mort] comme terme de passage du mythe à la théorie〉라는 제목의 텍스트를 발표했던 것은 1972년 10월 EFP의 연구 기간중이었다. 이 텍스트는 《모어의 파편들 Fragments de langue maternelle》, Paris, Payot, 1979(1판은 절판됨; 《언어의 추방(모어의 파편들) L'Exil de la langue (Fragments de langue maternelle)》, Paris, Point hors ligne, 1993 재판)에 재수록되었다.

67) 세월이 흘러 이 용어가 독자와 청중들에게 불러일으켰던 상상적인 부담을 완화시키기 위해서, 나는 이 용어를 [죽음-아이(enfant-mort)]에서 [앙팡모르(enfanmor)]로 사용했다.

68) Antonin Artaud, 〈발리 연극 Le Théâtre balinais〉, préface à l'ouvrage de Henri Cartier-Bresson, 《발리 댄스 Les Danses à Bali》, Paris, Robert Delpire, 1954, p. 11-12.

69) 우리는 여기서 숭고함을 코르네유의 비극성에 연결하는 볼테르를 참조할 것이다. 그는 다음과 같이 그 예를 보여 준다.

"**쥘리**──그가 세 사람에 반대해서 했던 일로 당신은 뭘 바라십니까?
늙은 호라스──그가 죽기를 [……] ."

선과 도덕의 너머에 있는 이 대구가 나에게는 괴로움과 **순수한** 비극성의 측면에서 승화의 과정(특히 동시대의 '교수법'으로 이행에 해당하는 과정)을 자리잡게 하는 것 같다.

70) 엠페도클레스는 두 개의 시편 〈정화에 관하여 De la purification〉, 〈자연에 관하여 De la nature〉의 작가이고, "증오가 완료될 때 기원은 시작된다"라는 격언을 남겼다.

71) Jacques Lancan, 〈정신분석에 있어서 말과 언어 활동의 기능과 영역 Fonction et champ de la parole et du langage en psychanalyse〉, in 《에크리 Écrits》, op. cit., p.320.

72) Ibid., p.320-321.

73) Cf. Jacques Lacan, 《세미나, 9권, 정신분석의 네 가지 기본 개념 Le Séminaire, livre XI, Les Quatre Concepts fondamentaux de la psychanalyse》, op. cit., p.237-248.

74) 라캉이 향락에 부여한 이론적 전개는 이러한 순수 욕망의 싹이 아니었을까?

75) Jacques Lacan, 1976년 12월 14일 미간행 세미나, 나의 개인적 노트에 의함. 라캉은 자신의 4분의 1 회전이 사실상 4분의 3 회전이라고 강조하는데, 나는 의미화 강요의 나선형 구조에 관한 작업의 추구라고 이해한다.

76) 이 세미나의 프랑스어 제목은 〈L'insu que sait de l'une-bévue s'aile à mourre(L'insuccés de l'Unbewusste)〉이다. 이것은 "아무런 뜻도 없는 순수한 기표인데, 굳이 해석하자면 '실수로 아는 불가지한 것(l'insu que sait de l'une-bévue)'은 바로 무의식(Unbewusste)'이며, 또 'insu que sait' 's' aile à mourre'는 각기 '실패(insuccés)' '그것은 사랑이다(c'est l'amour)'와 발음이 동일하기 때문에 '무의식의 실패, 그것은 사랑이다' 정도가 된다."(스튜어트 슈나이더맨, 《자크 라캉, 지적 영웅의 죽음》, 인간사랑, 허경 역, 1997, p.367) 어떤 책에서는 이 제목을 〈사람들은 그것이 사랑의 날개 위에 있는 잘못된 달임을 알았다〉라고 번역해 놓았다.〔역주〕

77) Bernard Baas, 《순수 욕망: 자크 라캉의 구역에서 철학의 노정 Le Désir pur: parcours philosophique dans les parages de Jacques Lacan》, Louvain, Peeters, 1992.

78) Jacques Lacan, 《정신분석의 네 가지 기본 개념》, op. cit., p.246.

79) Jacques Lacan, 《세미나, 7권, 정신분석의 윤리학 Le Séminaire, livre

VII, *L'Éthique de la psychanalyse*》(séminaire du 7 juillet 1960), Paris, Seuil, 1986, p.370-371.

80) 나는 여기서 장-피에르 레만의 작업,《'관조'와 '무감각' 사이: 1세기에서 12세기까지 그리스도교 신비의 다양한 발자취 *Entre le ⟨pâtir⟩ et ⟨l'apathie⟩: les cheminements sinueux de la mystique chrétienne du Ier au XIIe siècle*》(1985년 10월, 미간행)를 참조했다.

81) 어디에도 없는 장소.〔역주〕

82) 1977년 9월에 릴의 EFP 회의에서 미셸 드 세르토의 강연을 참조. 미셸 드 세르토는 두 분석가가 서로 인사를 나눌 수 있는 유일한 방식은 "안녕, 늙어빠진 부패여!"라고 말하는 것이라고 말했다.

83) Jacques Lacan,《정신분석의 네 가지 기본 개념》, *op. cit.*, p.248.

84) Jacques Lacan,《세미나, 8권, 전이 *Le Séminaire*, livre VIII, *Le Transfert*》, Paris, Seuil, 1991, p.457-460. 뿐만 아니라 텍스트에 가해진 교정은《모든 정오표 속의 전이 *Le Transfert dans tous ses errata*》, Paris, EPEL, 1991에 나타난다.

85) Antonin Artaud,《발리 연극 *Le Théâtre balinais*》, *op. cit.*, p.15-16.

86) 1980년《르 몽드》지에 실린 편지.

87) 라틴어 'Scilicet'는 축약어로 'scil.' 또는 'sc.'로 쓰이며, '즉' '다시 말하면'의 뜻이다.〔역주〕

88) 국제정신분석협회.

89) Les Fioretti de sainte Catherine de Sienne, Éd. Art catholique, 6 place Saint-Sulpice, Paris, 1924. 토리자노 신부에 의해 수집됨.

90) 매우 우스운 방식으로 우리는 이 위트, 이런 독설을 상기할 수 있을 것이다. 하시딤 사람들이 어느 토요일 작은 유대인 마을을 걷고 있을 때, 그들은 벽으로 돌아서서 열심히 담배를 피우고 있는(토요일에 독실한 신자들에게는 중대한 죄에 해당하는 행위) 한 친척을 보았다. 그래서 두 사람의 독실한 신자들 중의 한 사람이 소리쳤다. "저 벽이 저 부도덕한 자에게로 무너지소서!" 그의 동료는 몹시 상심한 채 그를 바라보고는, 신의 온정을 상기시키면서 매우 작은 목소리로 말했다. "안 돼요! 저 벽이 제자리에 그대로 있어 신의 계율을 위반했던 저 사람을 해치지 마소서!" 진정

한 기적이 일어났다. 그 벽은 '안식일의 신성함'과 연관된 랍비의 계율을 위반했던 사람 위로 무너지지 않았다.

91) 분명히 이런 경험이 나에게 있어서는 개인적인 것이 아니다. 내가 1980년 회의에서 이 일화를 얘기해 주었던 많은 동료들은, 이와 동일한 상황에 마주쳤었다는 사실을 나에게 말해 주었다.

92) 독자는 이와 같은 순진함을 비웃을 수 있을 것이다. 우리들 중에 가장 고참자들에게 있어 공산당이 '흐루시초프에게 **부여된** 관계'라 불렀던 것이 보여 주었던 그 지진은 그에게도 역시 지진의 규모로 받아들여졌던 것은 확실하다. 어떤 사람들은 '문제가 되었던 것은 스탈린이 아니라 전적으로 그의 측근들이었다'고 생각하면서 스스로 위안했다.

93) Pierre Ginésy, 〈열린 무덤에서 À tombeau ouvert〉, in Jacques Félician, 《정신분석가의 동방 L'Orient du psychanalyste》, Paris, L'Harmattan, 1995, p.183.

94) Cf. Jacques Lacan, 《세미나, VII권, 전이 Le Séminaire, livre VII, Le Transfert》, op. cit., p.91, p.110-111(Pierre Ginésy에 의해 인용, op. cit.).

95) 파리 프로이트학교.

96) Jacques Derrida, 《폴 드 망에 대한 회상록 Mémoires pour Paul de Man》, Paris, Galilée, 1988, p.83(Pierre Ginésy에 의해 인용, op. cit., p.207).

97) Cf. Jacques Hassoun, 《완고한 열정 Les Passions intraitables》, Paris, Aubier, 1989.

98) Stefan Zweig, 《한 여성의 삶 속의 24시간 Vingt-Quatre Heures dans la vie d'une femme》, Paris, Stock, 1985.

99) Patrick Guyomard, 《비극성의 향락: 앙티곤, 라캉과 분석가의 욕망 La Jouissance du tragique: Antigone, Lacan et le désir de l'analyste》, Paris, Aubier, 1992.

100) 프로이트학교의.

101) 클로드 콩테는 프로이트학파의 간사들 중의 한 명이었다.

102) 이렌 프랭.

103) 왜냐하면 증오에 사로잡혀 있는 사람은 슬로건만을 내걸기 위해 말을 상실한다.

104) Bertrand Poirot-Delpech, 《바르비 씨는 아무것도 말할 것이 없다. *Monsieur Barbie n'a rien à dire*》, Paris, Gallimard, 1987, p.96.

105) 비시 정부의 협력자였던 폴 투비에르는 비시 정부의 공보부 장관이 었던 필립 앙리오의 암살에 보복하기 위해 릴리외에서 7명의 유대인을 살해했다는 죄목으로, 1994년 4월 베르사유 중죄재판소에서 무기 징역을 선고받았다. 프랑스 법무장관 로베르 바댕테는〈일상적 유대인 배척주의〉에서 1940년과 1944년 사이의 유대인 변호사 제거 단계를 상세하게 이야기하고 있으며, 그에 의해 피해자 구조 입법과 그 활동이 본격화되었다. 〔역주〕

106) Jacques Hassoun, 《우울한 잔혹성 *La Cruauté mélancolique*》, Paris, Aubier, 1995.

107) 인종 불평등을 확신하는 1966년 9월 2일과 3일자《르 몽드》지에 실린 국민전선 당수의 주장을 참조하라. 사실 사회 현상 가운데 이런 증오에 찬 차원을 개입시키지 않고, 어떻게 불평등을 생각할 수 있는가?

108) 조레스가 유대인 배척주의를 지칭했던 것과 같다.

109) 꼬마 한스의 사례 속에서 프로이트가 사용한 표현. "그가 세상에 오기 훨씬 전에 나는 이미 꼬마 한스가 어느 날 태어날 것이라는 바를 알았고, 그날은 어머니를 너무도 기쁘게 만들어 곧 아버지를 두렵게 만든 것이다." in《다섯 가지 정신분석 *Cinq psychanalyses*》, trad. M. Bonaparte et R. Loewenstein, Paris, PUF, 1981, p.120.

110) Cf. Jacques Hassoun, Maurice Godelier, 〈아버지의 살해, 성욕의 희생. 인류학적·정신분석적 접근 Meurtre du père, sacrifice de la sexualité. Approche anthropologique et psychanalytique〉, art. citè.

111) Hans Georg Ruprecht, 《작가와 학자. *L'Écrivain et le savant. Du petit côtè de l'improbable au temps de jadis*(1939, 1968)》, Variaciones Borges, The Journal of the 〈Jorge Luis Borges〉 Center for Studies and Documentation, University of Aarhus, Danmark, 1996, p.198-210.

112) *Ibid.*, p.199.

113) *Ibid.*, p.200.

114) *Ibid.*

115) *Ibid.*

116) 나는 줄곧 상징계가 서술(narration)에 속한다고 생각한다.

117) 한스 게오르그 루프레히트에 의해 인용, *op. cit.*, p.209.

118) Thomas Hobbes, 《시민 또는 정치의 기초 *Le Citoyen ou les fonde-ments de la politique*》, Paris, GF-Flammarion, 1982.

119) *Ibid.*, p.142.

120) *Ibid.*, p.142-143.

121) *Ibid.* 〈법과 충고 사이에는 어떤 차이가 있는가?〉, p.242; 〈그것은 협약과 어떻게 다른가?〉, p.243; 〈그것은 권리와 어떻게 다른가?〉, p.244.

122) Denis Diderot, 《백과전서 *Encyclopédie*》, tome VIII, 논문 〈홉스주의 Hobbisme〉, Neuchâtel, 1765, in Thomas Hobbes, *op. cit.*, p.379.

123) *Ibid.*, p.404.

124) Sigmund Freud, 〈집단심리학과 자아분석 Psychologie collective et analyse du moi〉, in 《정신분석 시론 *Essais de psychanalyse*》, Paris, Payot, 1951, p.115. Cf. 마찬가지로 〈군중심리학과 자아분석 Psychologie des foules et analyse du moi〉, Paris, Payot, 1981.

125) Thomas Hobbes, *op. cit.*, p.242-244.

126) 국가가 분석가들에 대해서 제3의 기능에서 생겨날 수 있다고 상상하는 것이 나에게는 어떤 이상주의처럼 보인다. 그 이상주의는 이런 가설에 집착하는 사람들에게 그 기원에서부터 국가의 강요라는 가정된 중립적 외부를 향한 정신분석 운동을 깨뜨리는 긴장에서 제기되는 문제들을 비켜 가도록 허용하는 것이다.

127) 1989년 9월 9일, 베르벨 볼라이와 엔스 라이히 등 야당 지도자들은 동독의 민주화 운동을 이끈 노이에스 포럼을 결성했다. 이들은 노이에스 포럼을 통해 민주주의 개혁을 요구했고, 그러한 결과 같은 해 11월 베를린 장벽이 무너지고 독일은 통일된다.〔역주〕

128) 파업에 대한 고용주측의 공장 폐쇄.〔역주〕

129) Sigmund Freud, 〈'가양자'의 결정인자들[최초의 히스테리성 거짓말] Les déterminantes du 'proton pseudos' [premier mensonge hystérique]〉, in 《정신분석의 탄생 *La Naissance de la psychanalyse*》, Paris, PUF, 1956,

p.367.

130) 이러한 등록은 부정, 성 차이, 그리고 시간을 참조하는 등록과 병행한다.

131) Alain Didier-Weill,《법의 세 시기 Les Trois Temps de la loi》, Paris, Seuil, 1995.

132) *Ibid.*, p.137-138.

133) Mathilde Troper,《분석 종결, 정신분석의 궁극성 Fin d'une analyse, finalité de la psychanalyse》, Paris, Solin, 1989.

134) *Ibid.*, p.332.

135) Alain Didier-Weill, *op. cit.*

136) 한걸음 더 나아가면, 우리는 여기에——주석에서——다음과 같은 가설을 도입할 수 있을 것이다. 저자가 참조하는 안다고 가정된 대타자(주체가 아니라)는 정신분석이 문제가 되는 순간부터 민주주의의 법에 대한 불신의 원리에 속하는 것이 아닌가?

137) Sigmund Freud, Sandor Ferenczi,《편지 Correspondance》, tome Ⅱ, 1914-1919, Paris, Calmann-Lévy, 1996, p.336-337.

138) *Ibid.*, p.336.

참고 문헌

Angenot Marc, *Les Idéologies du ressentiment*, Québec, Éditions XYZ, 1996.

Artaud Antonin, *Le Théâtre balinais*, préface à l'ouvrage de Henri Cartier-Bresson, *Les Danses à Bali*, Paris, Robert Delpire, 1954.

Baas Bernard, *Le Désir pur: parcours philosophique dans les parages de Jacques Lacan*, Louvain, Peeters, 1992.

Bertin Jacques, 〈Nouvelles de la honte quotidienne〉, in *Politis*, 8 août 1996.

Derrida Jacques, *Mémoires pour Paul de Man*, Paris, Galilée, 1988, cité par Pierre Ginésy, 〈À tombeau ouvert〉, in Jacques Félician, *L'Orient du psychanalyste*, Paris, L'Harmattan, 1995.

Diderot Denis, *Encyclopédie*, tome VIII, article 〈Hobbisme〉, Neuchâtel, 1765, in Hobbes, *Le Citoyen ou les fondements de la politique*, Paris, GF-Flammarion, 1982.

Didier-Weill Alain, *Les Trois Temps de la loi*, Paris, Seuil, 1995.

Freud Sigmund, 〈Nous (juifs) et la mort〉, conférence présentée à la loge B'nai B'rith de Vienne le 15 février 1915, parue dans le périodique *Zweimonats-Bericht für die Mitglieder des österreichisch-israelitischen Humanitätsvereine B' nai B' rith*(volume 18, 1915, n°1) et publiée par Bernd Nitzchke dans *Die Zeit*, n° 30, 20 juillet 1990.

——, *La Naissance de la psychanalyse*, Paris, PUF, 1956.

——, 〈Psychologie collective et analyse du moi〉, in *Essais de psychanalyse*, Paris, Payot, 1951 et 〈Psychologie des foules et analyse du moi〉, in *Essais de psychanalyse*, Paris, Payot, 1981.

Freud Sigmund, Ferenczi Sandor, *Correspondance*, tome II, 1914-1919, Paris, Calmann-Lévy, 1996.

Ginésy Pierre, ⟨À tombeau ouvert⟩, in Jacques Félician, *L'Orient du psychanalyste*, Paris, L' Harmattan, 1995.

Gougenheim Georges, *Les Mots français dans l'histoire et dans la vie*, tome II, Paris, A.E.J. Picard, 1966.

Guyomard Patrick, *La Jouissance du tragique: Antigone, Lacan et le désir de l'analyste*, Paris, Aubier, 1992.

Hassoun Jacques, *Fragments de langue maternelle*, Paris, Payot, 1979, (1ᵉʳ édition épuisée; réédition *L'Exil de la langue*(Fragments de langue matern—elle), Paris, Point hors ligne, 1993).

——, *Les Passions intraitables*, Paris, Aubier, 1989.

——, ⟨Le désir pur⟩, in *Études freudiennes*, n°34, 1994.

——, *La Cruauté mélancolique*, Paris, Aubier, 1995.

Hassoun Jacques, Godelier Maurice, ⟨Meurtre du pére, sacrifice de la sexualité. Approche anthropologique et psychanalytique⟩, in *Les Cahiers d'Arcane*, 1996.

Hobbes Thomas, *Le Citoyen ou les fondements de la politique*, Paris, GF–Flammarion, 1982.

Lacan Jacques, *Le Séminaire*, livre VII, *L'Éthique de la psychanalyse* (séminaire du 7 juillet 1960), Paris, Seuil, 1986.

——, *Le Séminaire*, livre VIII, *Le Transfert*(1960–1961), Paris, Seuil, 1991.

——, *Le Séminaire*, livre XI, *Les Quatre Concepts fondamentaux de la psychanalyse*(1964), Paris, Seuil, 1973.

——, *Le Séminaire*, livre XVI, *D'un autre à l'Autre* (18 juin 1969) [inédit.]

——, *Le Séminaire*, livre XX, *Encore*(1972–1973), Paris, Seuil, 1975.

——, ⟨L'angoisse⟩, séminaire inédit; séance du 15 mai 1963.

——, ⟨Le stade du miroir comme formateur de la fonction du Je telle qu'elle nous est révélée dans l' expérience psychanalytique⟩, in *Écrits*, Paris, Seuil, 1966.

———, ⟨Fonction et champ de la parole et du langage en psychanalyse⟩, in *Écrits*, Paris, Seuil, 1966.

———, ⟨L'insu que sait de l'unebévue s'aile à mourre⟩, séminaire inédit; séance du 14 décembre 1976.

Lehmann Jean-Pierre, *Entre le ⟨pâtir⟩ et ⟨l'apathie⟩: les chemine-ments sinueux de la mystique chrétienne du I^r au XII^r siècle*, octobre 1985(inédit).

Marx Karl, *Le Capital*, in *Œuvres complètes*, tome IV: ⟨Le procès de la production du capital⟩, Paris, Alfred Costes, 1950.

Matillon Janine, ⟨Les revenants, Béziers 1209, Srebrenica 1995⟩, in *Les Temps modernes*, n° 588, juin-juillet 1996.

Poirot-Delpech Bertrand, *Monsieur Barbie n'a rien à dire*, Paris, Gallimard, 1987.

Roudinesco Élisabeth, *Jacques Lacan: esquisse d'une vie, histoire d'un système de pensée*, Paris, Fayard, 1993.

Ruprecht Hans Georg, *L'Écrivain et le savant. Du petit côté de l'improbable au temps de jadis*(1939, 1968), *Variaciones Borges*, The Jou-rnal of the ⟨Jorge Luis Borges⟩ Center for Studies and Documentation, University of Aarhus, Danmark, 1996.

Taurisano R.P., *Les Fioretti de sainte Catherine de Sienne*, Éd. Art catholique, 6 place Saint-Sulpice, Paris, 1924.

Le Transfert dans tous ses errata, Actes du colloque proposé par l'École lacanienne de psychanalyse, tenu à Paris les 15 et 16 juin 1991, Paris, EPEL.

Troper Mathilde, *Fin d'une analyse, finalité de la psychanalyse*, Paris, Solin, 1989.

Zweig Stefan, *Vingt-Quatre Heures dans la vie d'une femme*, Paris, Stock, 1985.

⟨악마의 페니스⟩ 장은 《카인. 신화적 형상들 *Caïn. Figures mythiques*》 (Paris, Autrement, 1997)에 실린 나의 논문 ⟨우리 모두는 암살자의 긴 계보

에서 나왔다)의 요소들을 다시 손질한 수정본(서문, 결론, 텍스트의 몇몇
페이지에서는 완전히 변경된)이다.

역자 후기

이 책의 저자인 자크 아순은 아마도 국내에서는 처음 소개되는 것 같다. 이 책을 어느 정도 읽어가면 그가 정신분석가이고, 또한 정치적인 문제에 관심을 많이 가졌다는 것을 어렴풋이 짐작할 수 있다. 여기에 인용된 글들이나 그의 사유의 궤적을 따라가는 데는 그의 전기를 참조하는 것이 도움이 될 듯하다.

자크 아순은 1936년 10월 20일 이집트 알렉산드리아에서 태어났으며, 그의 집안은 독실한 유대인 가문이었다. 그는 겨우 15세에 비밀 조직 Dror(이집트 시온파 마르크스주의 운동)에 가담했다. 얼마 후 이 조직이 자체 해산되고, 그는 외국 지부(유대 지부) 창립에 참여하기 위해 앙리 퀴리엘이 이끄는 지하 운동 Hadeto(민족 해방 민주 운동)와 접촉한다. 이 지부의 구성원들은 모두가 알렉산드리아의 유대인들이었고, 그가 유일하게 프랑스 국적을 갖고 있었다. 그들은 곧 시온파 공산주의 조직망을 구성했다는 혐의로 모두 체포된다. 한 달간 독방에 감금되기도 한 카이로의 한 성채에서 6개월간의 구금 생활 끝에 풀려난다. 거기에서는 장차 "어떻게 투쟁할 것인가?"에 대한 토론이 있었고, 공산주의 운동은 유대인들의 통합을 거부하는 것으로 결론이 났다. 18세가 되던 1954년 12월, 그는 이집트를 떠나 프랑스로 간다. 그의 가족은 능란한 정치적 수완으로 보나파르트 장군이 알렉산드리아 유대인 공동체에 수여한 프랑스 국적을 가질 수 있었다. 프랑스에서 그는 의학 공부를 시작하고, 동시에 PCF(프랑스 공산당)에 가입한다. 그러나 그것은 공산당의 반대파인 Voix communiste(공산주의 목소리)의 드니 베르제, 제라르 스피츠, 펠릭스 가타리 등과 교류하기 위한 것이었다. 1968년 5월에 오베르비이에의 교육심리의학센터의 원장이 되고, 탁아소에 심리학자팀을 투입한 최초의 의사가 된다. 공산당원증을 찢고 JCR(공산주의 혁명 청년)과 접촉한다. 이어서 정신분석가가 된다. 그는 당시에 논쟁거리였던 마르크시즘과 정신분석의 분리를 거부한다. 1969년부터 1977년까지 뱅센대학 심리학과에서 정신분석을 가르친다. 1975년, EFP(파리 프로이트학교)에 가입하려 하지만 정치 참여를 이유로 거부되다가 1978년에서야 받아들여진다. 이 학교의 해체(1980년)와 라캉의 죽음(1981년) 이후에, 파리 프로이트 서클을 창립하고 1987년에서 1990년까지 회장직을 맡는다. 모든 유대 문화(특히 이집트와 지중해 지역)에 관심을 갖고 참여하지만 시온주의와 유대교의 완전한 병합을 거부한다. 모든 민족 해방 운동에 참여하는 그의 입장은 PLO(팔레스타인 해방 기구)를 지지하게 된다. 1999년 4월, 지병으로 사망한다. 이와 같은 그의 이력에서 우리는 정치·사회 관계·제도 등에 대한 그의 관심을 읽을 수 있고, 또한 이 책의 서두에서 헌사를 바치고 있는 이들과의 관계를 어렴풋이 짐작할 수 있다.

자크 아순은 이 책으로 《완고한 열정》 《우울한 잔혹성》과 더불어 각 개인이 타인과 맺는 관계의 성찰에 바쳐진 일련의 연작을 종결한다. 그는 이 책을 기술하기 위해 프로이트·라캉, 그리고 자신의 임상 경험에서 도움을 구한다. 이 책은 수많은 발자취를 열어 놓는다. 그는 열정적인 사람과 우울한 사람에 이어 증오에 사로잡힌 주체에 천착한다. 타자가 자신의 마음속에 불러일으키는 공포에 휩싸인, 증오스런 주체는 이러한 강박적인 사고에 매혹되어 있고, 이러한 모호한 대상을 더욱더 파괴시키고 스스로 더욱더 파괴되기 위해서 추적한다. 개인, 집단, 그리고 사회 자체를 가로지르는 증오는 라캉의 다음과 같은 정의로부터 분석된다: "증오하는 것, 그것은 자신의 지식으로부터 타자를 탈가정하는 것이다. 왜냐하면 타자에게 어떤 지식이 있다고 가정하는 것은 사랑의 가능성의 조건이기 때문이다." 이러한 사유로부터 나온 증오가 '우울한 붕괴의 위협에 대한 가능한 반응'일 수 있다는 아순의 사상은 흥미롭다. 라캉은 사랑과 증오에 대해 이렇게 말한다. "사랑은 상징계와 상상계 사이의 '놀이 공간' 속에 있고, 증오는 상상계와 실재계의 접합에 있다." 이러한 라캉의 사상에 근거하여 아순은, 비록 주체가 '훼손된 상상적 자아에 윤곽과 형태의 모사를 부여하기 위해' 증오하는 대상을 찾는 것밖에는 다른 방도가 없다 하더라도 증오 속에서 이러한 접합이 상상계의 특성 자체를 파괴한다고 주장한다. 이처럼 증오는 '주체가 자신의 심리적 죽음 또는 자살에 앞서 거는 마지막 카드'일 것이다. 이것이 증오가 그토록 무시무시하고, 혐오와도 혼동될 수 없으며, 질투나 원한과 같은 격앙된 열정과도 혼동될 수 없는 이유이다.

이러한 정박지로부터 자크 아순은 사회 관계 속에서 증오의 위치, 자신의 차이를 주장하면서 역설적으로 그 차이를 증오하는 동성애자의 증오, 정신분석계에서 라캉이 행사했던 전제의 여전한 상속인인 정신분석가들 사이의 관계와 정신분석 속에서 증오의 역할과 같은 여러 방향으로 항해한다. 특히 저자는 왜 《성서》의 〈창세기〉장에서 카인과 아벨의 형제 살해가 언급되는 가로부터 시작해서, 로마의 건국 신화에서 로물루스와 레무스 형제 살해, 그리고 마르크스의 《자본론》에서 언급되는 범죄자와 생산 관계, 홉스와 루소의 사회 관계 형성에 관한 관점 등을 차례로 고찰해 본다. 이처럼 사회의 창설적인 범죄들을 상기하면서, 자크 아순은 하나의 사회가 성립하기 위해서는 이타성을 인정하는 것이 필요하다는 것을 보여 준다. 폭력은 풍요롭고, 증오는 황폐하다. 그래서 아순은 엠페도클레스의 표현, "증오가 완료될 때 기원은 시작된다"에 의미를 부여한다. 이때의 기원은 세상의 시작이 아니라 문명의 시작이다. 그래서 문명은 증오가 완료되었을 때 생겨난다. 이 책의 후반부는 증오에 관해 고찰하고, 정신분석 제도에 있어서 증오의 문제와 앞서 개진되었던 성찰들을 통합시키는 프랑수아 드 소베르작과의 대담을 첨부하고 있다.

  이 책을 번역하면서 나는 일종의 증오를 느꼈다. 어느 정도 정신분석에 흥미를 갖고 나름대로 정신분석 분야에 관한 지식을 가졌다고 생각했던 나로서는, 이 책을 읽어감에 따라 그런 지식들은 아주 하찮은 일부에 지나지 않음을 알고 고통을 느낄 수밖에 없었다. 난해함으로부터 해결 불가능을 느꼈을 때의 절망감이 그런 정서를 갖게 했던 것 같다. 안다고 가정된 지식은 착각에 불과했고, 그러한 지식의 탈가정에서 오는 정서는 증오였음에 틀림없다. 혹자는 이 책을 읽는 중에 이와 유사한 정서를 갖게 될지도 모른다. 이는 전적으로 번역자의 책임일 것이다. 독서의 용이성을 위해 보다 세밀한 주석, 명확한 개념, 쉬운 표현을 사용하는 것이 필요했을 터이다. 정신분석 용어의 적절한 번역어 선택은 많은 갈등을 갖게 했다. 특히 라캉의 용어는 아직 정리되지 않은 상황인 듯하다. 국내에는 영어 번역 라캉 사전이 나와 있기는 하지만, 뿌리를 내리는 데는 조금 더 시간을 필요로 하는 것 같다. 가령 여기서 사물 자체(Chose)——'물, 물자체, 사물' 등으로 번역되어 있다——라고 번역한 것은 철학 용어와 우리말과의 혼동 등을 고려한 측면이다. '탈가정(dé-supposition)' '탈사랑(déamour)' '탈존재(désêtre)' '파를레트르(parlêtre)' '증오 무도덕성(hainamoration)' 등의 용어도 마찬가지이다. 이러한 용어들은 순수 기표와 의미의 측면을 동시에 고려해서 번역해야 할 표현들이다. 따라서 이 책은 정신분석 개념과 특히 라캉의 정신분석 용어에 익숙한 독자에게는 읽기가 용이할 것이다. 두려운 것은 일천한 지식으로 인해 오류가 있지 않을까 하는 것과 그 오류조차도 모르는 채 지내는 것이다. 항상 손을 놓는 순간 뒤통수가 가려운 것이 번역이다. 가능한 한 오류가 적기를……

이 글을 마무리할 즈음 몇몇 고마운 얼굴들이 떠오른다. 진, 철, 아, 기, 그리고 淑, 河. 무엇보다도 출판과 인문학, 이 시대의 두 개의 뜨거운 감자를 묵묵히 들고 계시는 동문선의 신성대 사장님께 감사드린다.

2002년 9월 김승철

색 인

가승화 pseudo-sublimation 89

가양자 proton pseudos 128,129,131

객관성 objectivité 34

고들리에르 Godelier, M. 117

고정 captation 75,82,87,95,113,118

공통성 einziger Zug 87

《과오 La Faute》 58

《관념들 Les Idées》 118

괴테 Goethe, J. W. von 118

구겐하임 Gougenheim, G. 12,21

그라노프 Granoff, W. 71

나르키소스 Narkissos 38

나아마 Naama 54

나폴레옹 Napoléon 90

노이에스 포룸 Neues Forum 125

다프네 Daphnè 46

《다프네의 꿈 Le Songe de Daphné》 46

대상성 objectalité 34

《대중심리학과 자아의 분석 Psychologie collective et analyse du moi》 78

대타자 Autre 20,26,28,29,30,39,43,44,65, 84,85,98,99,104,124,128,129

데리다 Derrida, J. 100

도리언 그레이 Dorian Gray 39

《도박꾼 Le Joueur》 102

도스토예프스키 Dostoyevsky, F. M. 102

돌레젤 Dolezel, L. 117

동일자 Même 30,44,65,76

디드로 Denis Diderot 121

라멕 Lamech 54

라캉 Lacan, J. M. E. 12,13,14,15,17,18, 19,20,26,27,29,33,34,35,36,37,41,42,45,48, 67,70,71,72,75,76,78,79,80,81,82,83,84,85, 86,88,89,90,91,92,93,94,95,96,97,99,100, 101,102,105,106,112,114,115,118,126,127, 128,130

레무스 Remus 56,57

로물루스 Romulus 56,57

로욜라 Loyola, I. de 29

로크아웃 lock-out 126

로하임 Roheim, G. 23,78

루디네스코 Roudinesco, É. 127

루소 Rousseau, J.-J. 121,122,155

《리처드 2세 Richard II》 58

마다가스카르 Madagascar 63

마르크스 Marx, K. H. 27,57,90,106,123

마티용 Matillon, J. 51

말의 거장 Maître de la Parole 96

맘므 mamme 41,42

모사 semblant 17,19,108,112

모세 Moses 33,57,64,65

무상의 증오 sinaat hinam 18

〈무의식의 실패, 그것은 사랑이다 L'insu que sait de l'une-bévue s'aile à mourre〉 83

뮐러 Müllnerz 58

므드사엘 Methushael 54

므후야엘 Mehujael 54

바뎅테 Robert Badinter 111

《바르비 씨는 아무것도 말할 것이 없다
Monsieur Barbie n'a rien à dire》
110

바르트부르크 Wartburg 42

《법의 세 시기 Les Trois Temps de la
loi》 129

베르탱 Bertin, J. 62

베이컨 Bacon, F. 68

베탕쿠르 Bettencourt, P. 46

보르헤스 Borges, J. L. 117

보비츠 Jakubovicz, H. 62

《분석 종결, 정신분석의 궁극성 Fin
d'une analyse, finalité de la
psychanalyse》 129

붉은 여단 Brigades rouges 25,26

블로흐 Bloch 42

비시 Vichy 60,63,92

사비니 Sabine 57

상상계 l'Imaginaire 24,36,68,83,102,104,
105,107,108,109

《서술 방식 Narrative Modes》 117

선망 Neid 46,115,120,121

세르토 Certeau, M. de 85

세티프 Sétif 63

셀린 Céline 109

소베르작 Sauverzac, J. -F. 67,71,74,
76,78,91,97,101,105,107,109,111,113,115,
118,126,128,156

순수 욕망 désir pur 19,20,73,79,80,81,
83,84,85,88,90,91,101,128,129

실러 Schiller 58

슈트로하임 Stroheim, Œ. von 23

슐레겔 Sohlegel, F. 118

스핑크스 la Sphinge/le Sphinx 77,78

시샘 invidia 55,115

시엔 Sienne, C. de 93

시토 Cîteaux 51,55

《실리세 Scilicet》 91,94

실재계 le Réel 24,29,102,104,105,107,
108,109

아론 Aaron 33

아리스토텔레스 Aristotels 119

아리안 Ariane 80

아버지의 이름 Noms du Père 127

아벤틴 Aventin 56,57

아벨 Abel 53,56,60,65,116

아브라함 Abraham 53

아르토 Artaud, A. 80,89

아우슈비츠 Auschwitz 62,110,111

아포레마 aporie 27,28,124,127

아폴로 Apollo 39,46

《악당들 Les Brigands》 58

알랭 Alain, D.-W. 129,130

야곱 Jacob 53

에녹 Enoch 53,54

에피쿠로스 Epicouros 27

엠페도클레스 Empedocles 9,13,19,20,
81,82,89,90,117

오웰 Orwell 113

오이디푸스 Oedipus 77

《완고한 열정 Les Passion intraitables》
9,101

우울증 dépression 88,109,112

《우울한 잔혹성
  La Cruauté mélancolique》 9

유발 Jacob 12,13,25,54,76

유일자 seul 22,24,29

〈유령들 Les revenants〉 51

〈은밀한 기적 El milagro secreto〉 117

음성(陰性) négativit 39,40,43

이드 id 23

이랏 Irad 54

이미지화 imaginarization 17,18,67,113

이삭 Issac 53

이삭 Isaac, L. 54

《이야기된 시간 Temps raconté》 118

이작크 Isaac, J. 26

《이탈리아 신문 Il Giornale d'Italia》
  60

《자본론 Das Kapital》 57

전오이디푸스기 préoedipe 44

제우스 Zeus 46

《전이 Le Transfert》 36,78,86

절반의 진술 mi-dire 37

《정신분석가의 일상 L'Ordinaire du
  psychanalyste》 91

《집단심리학 Psychologie collective》
  86

존재의 모사 semblant d'être 17,19

주앙도 Jouhandeau, M. 109

죽음-을-향한-존재
  être-pour-la-mort 81,82

츠바이크 Zweig, S. 101,102,103

카소비츠 Kassovitz 19

카인 Cain 53,54,55,56,59,60,61,63,64,65,
  116,117

코프만 Kaufmann, P. 101

콩테 Conté, C. 106

쿠드륵 Couderc, A. -M. 62

퀴프로스 Cyparissos 46

타르타르 Tartares 124

탈가정 dé-supposition 14,15,22,23,28,
  30,67,70,71,74,77,78,107,108,131

탈무드 Talmud 18

토리자노 Taurisano 93

《토템과 터부 Totem et tabou》 45

투비에르 Touvier, P. 111

트로이 Troie 28

트로츠키-브라운슈타인 Trotsky-
  Braunstein 113

트로페르 Troper, M. 129

〈파시즘과 인종의 문제 Il fascismo e i
  problemi della razza〉 60

팔라데 Faladé, S. 48

팔라틴 Palatin 56

페니스 선망 Penisneid 46

페렌치 Ferenczi, S. 131,132

페리클레스 Pericles 121

페탱 Pétain 124

펠르푸와 Pellepoix, D. de 61

프로이트 Freud, S. 18,42,45,49,52,55,70,
  71,73,74,75,76,78,79,86,87,88,91,93,94,95,
  97,99,101,105,107,114,115,116,118,123,
  126,127,128,130,131,132

《프티 로베르 Le Petit Robert》 117

피스터 Pfister 71

하이데거 Heidegger, M. 64,130

《한 여성 삶 속의 24시간 Vingt-Quart

Heures dans la vie d une femme〉
103
해리(解離) déliaison 125
《향연 *Symposium*》 78
헤겔 Hegel, G. W. F. 29
《혐오론 *Le Traité de l'exécration*》
109

홉스 Hobbes, T. 118,119,121,122,123,
124
히아킨토스 Hyacinthos 46
히틀러 Hitler, A. 60,87,110

김승철
부산대학교 불어불문학과 및 동대학원 졸업
문학박사. 현재 부산대학교 강사.
역서:《동물성》(東文選)

현대신서
114

증오의 모호한 대상

초판 발행 : 2002년 10월 10일

지은이 : 자크 아순
옮긴이 : 김승철
펴낸이 : 辛成大
펴낸곳 : 東文選
제10-64호, 78. 12. 16 등록
110-300 서울 종로구 관훈동 74
전화 : 737-2795

편집설계 : 李娗昊 韓仁淑

ISBN 89-8038-241-3 94100
ISBN 89-8038-050-X (현대신서)

【東文選 現代新書】

1 21세기를 위한 새로운 엘리트	FORESEEN 연구소 / 김경현	7,000원
2 의지, 의무, 자유 ― 주제별 논술	L. 밀러 / 이대회	6,000원
3 사유의 패배	A. 핑켈크로트 / 주태환	7,000원
4 문학이론	J. 컬러 / 이은경 · 임옥희	7,000원
5 불교란 무엇인가	D. 키언 / 고길환	6,000원
6 유대교란 무엇인가	N. 솔로몬 / 최창모	6,000원
7 20세기 프랑스철학	E. 매슈스 / 김종갑	8,000원
8 강의에 대한 강의	P. 부르디외 / 현택수	6,000원
9 텔레비전에 대하여	P. 부르디외 / 현택수	7,000원
10 고고학이란 무엇인가	P. 반 / 박범수	근간
11 우리는 무엇을 아는가	T. 나겔 / 오영미	5,000원
12 에쁘롱 ― 니체의 문체들	J. 데리다 / 김다은	7,000원
13 히스테리 사례분석	S. 프로이트 / 태혜숙	7,000원
14 사랑의 지혜	A. 핑켈크로트 / 권유현	6,000원
15 일반미학	R. 카이유와 / 이경자	6,000원
16 본다는 것의 의미	J. 버거 / 박범수	10,000원
17 일본영화사	M. 테시에 / 최은미	7,000원
18 청소년을 위한 철학교실	A. 자카르 / 장혜영	7,000원
19 미술사학 입문	M. 포인턴 / 박범수	8,000원
20 클래식	M. 비어드 · J. 헨더슨 / 박범수	6,000원
21 정치란 무엇인가	K. 미노그 / 이정철	6,000원
22 이미지의 폭력	O. 몽쟁 / 이은민	8,000원
23 청소년을 위한 경제학교실	J. C. 드루엥 / 조은미	6,000원
24 순진함의 유혹 〔메디시스賞 수상작〕	P. 브뤼크네르 / 김웅권	9,000원
25 청소년을 위한 이야기 경제학	A. 푸르상 / 이은민	8,000원
26 부르디외 사회학 입문	P. 보네위츠 / 문경자	7,000원
27 돈은 하늘에서 떨어지지 않는다	K. 아른트 / 유영미	6,000원
28 상상력의 세계사	R. 보이아 / 김웅권	9,000원
29 지식을 교환하는 새로운 기술	A. 벵토릴라 外 / 김혜경	6,000원
30 니체 읽기	R. 비어즈워스 / 김웅권	6,000원
31 노동, 교환, 기술 ― 주제별 논술	B. 데코사 / 신은영	6,000원
32 미국만들기	R. 로티 / 임옥희	근간
33 연극의 이해	A. 쿠프리 / 장혜영	8,000원
34 라틴문학의 이해	J. 가야르 / 김교신	8,000원
35 여성적 가치의 선택	FORESEEN연구소 / 문신원	7,000원
36 동양과 서양 사이	L. 이리가라이 / 이은민	7,000원
37 영화와 문학	R. 리처드슨 / 이형식	8,000원
38 분류하기의 유혹 ― 생각하기와 조직하기	G. 비뇨 / 임기대	7,000원
39 사실주의 문학의 이해	G. 라루 / 조성애	8,000원
40 윤리학 ― 악에 대한 의식에 관하여	A. 바디우 / 이종영	7,000원
41 흙과 재 〔소설〕	A. 라히미 / 김주경	6,000원

42 진보의 미래	D. 르쿠르 / 김영선	6,000원
43 중세에 살기	J. 르 고프 外 / 최애리	8,000원
44 쾌락의 횡포·상	J. C. 기유보 / 김웅권	10,000원
45 쾌락의 횡포·하	J. C. 기유보 / 김웅권	10,000원
46 운디네와 지식의 불	B. 데스파냐 / 김웅권	근간
47 이성의 한가운데에서 — 이성과 신앙	A. 퀴노 / 최은영	6,000원
48 도덕적 명령	FORESEEN 연구소 / 우강택	6,000원
49 망각의 형태	M. 오제 / 김수경	6,000원
50 느리게 산다는 것의 의미·1	P. 쌍소 / 김주경	7,000원
51 나만의 자유를 찾아서	C. 토마스 / 문신원	6,000원
52 음악적 삶의 의미	M. 존스 / 송인영	근간
53 나의 철학 유언	J. 기통 / 권유현	8,000원
54 타르튀프 / 서민귀족 〔희곡〕	몰리에르 / 덕성여대극예술비교연구회	8,000원
55 판타지 공장	A. 플라워즈 / 박범수	10,000원
56 홍수·상 〔완역판〕	J. M. G. 르 클레지오 / 신미경	8,000원
57 홍수·하 〔완역판〕	J. M. G. 르 클레지오 / 신미경	8,000원
58 일신교 — 성경과 철학자들	E. 오르티그 / 전광호	6,000원
59 프랑스 시의 이해	A. 바이양 / 김다은·이혜지	8,000원
60 종교철학	J. P. 힉 / 김희수	10,000원
61 고요함의 폭력	V. 포레스테 / 박은영	8,000원
62 고대 그리스의 시민	C. 모세 / 김덕희	근간
63 미학개론 — 예술철학입문	A. 셰퍼드 / 유호전	10,000원
64 논증 — 담화에서 사고까지	G. 비뇨 / 임기대	6,000원
65 역사 — 성찰된 시간	F. 도스 / 김미겸	7,000원
66 비교문학개요	F. 클로동·K. 아다-보트링 / 김정란	8,000원
67 남성지배	P. 부르디외 / 김용숙·주경미	9,000원
68 호모사피언스에서 인터렉티브인간으로	FORESEEN 연구소 / 공나리	8,000원
69 상투어 — 언어·담론·사회	R. 아모시·A. H. 피에로 / 조성애	9,000원
70 촛불의 미학	G. 바슐라르 / 이가림	근간
71 푸코 읽기	P. 빌루에 / 나길래	근간
72 문학논술	J. 파프·D. 로쉬 / 권종분	8,000원
73 한국전통예술개론	沈雨晟	10,000원
74 시학 — 문학 형식 일반론 입문	D. 퐁텐느 / 이용주	8,000원
75 《시민 케인》	L. 멀비 / 이형식	근간
76 동물성 — 인간의 위상에 관하여	D. 르스텔 / 김승철	6,000원
77 랑가쥬 이론 서설	L. 옐름슬레우 / 김용숙·김혜련	10,000원
78 잔혹성의 미학	F. 토넬리 / 박형섭	9,000원
79 문학 텍스트의 정신분석	M. J. 벨멩-노엘 / 심재중·최애영	9,000원
80 무관심의 절정	J. 보드리야르 / 이은민	8,000원
81 영원한 황홀	P. 브뤼크네르 / 김웅권	9,000원
82 노동의 종말에 반하여	D. 슈나페르 / 김교신	6,000원
83 프랑스영화사	J. -P. 장콜 / 김혜련	근간

84 조와(弔蛙)	金敎臣 / 노치준·민혜숙	8,000원
85 역사적 관점에서 본 시네마	J. -L. 뢰트라 / 곽노경	8,000원
86 욕망에 대하여	M. 슈벨 / 서민원	8,000원
87 산다는 것의 의미·1—여분의 행복	P. 쌍소 / 김주경	7,000원
88 철학 연습	M. 아롱델-로오 / 최은영	8,000원
89 삶의 기쁨들	D. 노게 / 이은민	6,000원
90 이탈리아영화사	L. 스키파노 / 이주현	8,000원
91 한국문화론	趙興胤	10,000원
92 현대연극미학	M. -A. 샤르보니에 / 홍지화	8,000원
93 느리게 산다는 것의 의미·2	P. 쌍소 / 김주경	7,000원
94 진정한 모럴은 모럴을 비웃는다	A. 에슈고엔 / 김웅권	8,000원
95 한국종교문화론	趙興胤	10,000원
96 근원적 열정	L. 이리가라이 / 박정오	9,000원
97 라캉, 주체 개념의 형성	B. 오질비 / 김 석	9,000원
98 미국식 사회 모델	J. 바이스 / 김종명	7,000원
99 소쉬르와 언어과학	P. 가데 / 김용숙·임정혜	10,000원
100 철학적 기본 개념	R. 페르버 / 조국현	8,000원
101 철학자들의 동물원	A. L. 브라-쇼파르 / 문신원	근간
102 글렌 굴드, 피아노 솔로	M. 슈나이더 / 이창실	7,000원
103 문학비평에서의 실험	C. S. 루이스 / 허 종	근간
104 코뿔소 (희곡)	E. 이오네스코 / 박형섭	8,000원
105 《제7의 봉인》 비평연구	E. 그랑조르주 / 이은민	근간
106 《쥘과 짐》 비평연구	C. 르 베르 / 이은민	근간
107 경제, 거대한 사탄인가?	P. -N. 지로 / 김교신	7,000원
108 딸에게 들려 주는 작은 철학	R. 시몬 셰퍼 / 안상원	7,000원
109 도덕에 관한 에세이	C. 로슈·J. -J. 바레르 / 고수현	6,000원
110 프랑스 고전비극	B. 클레망 / 송민숙	근간
111 고전수사학	G. 위딩 / 박성철	근간
112 유토피아	T. 파코 / 조성애	7,000원
113 쥐비알	A. 자르댕 / 김남주	7,000원
114 증오의 모호한 대상	J. 아순 / 김승철	8,000원
115 개인—주체철학에 대한 고찰	A. 르노 / 장정아	7,000원
116 이슬람이란 무엇인가	M. 루스벤 / 최생열	8,000원
117 간추린 서양철학사·상	A. 케니 / 이영주	근간
118 간추린 서양철학사·하	A. 케니 / 이영주	근간
119 느리게 산다는 것의 의미·3	P. 쌍소 / 김주경	7,000원
120 문학과 정치사상	P. 페티티에 / 이종민	8,000원
121 하느님의 가장 아름다운 이야기	A. 보테르 外 / 주태환	근간
122 시민 교육	P. 카니베즈 / 박주원	근간
123 스페인영화사	J.- C. 스갱 / 정동섭	근간
124 포켓의 형태	J. 버거 / 이영주	근간
125 내 몸의 신비—세상에서 가장 큰 기적	A. 지오르당 / 이규식	7,000원

126 세 가지 생태학	F. 가타리 / 윤수종	근간
127 모리스 블랑쇼에 대하여	E. 레비나스 / 박규현	근간
128 작은 사건들	R. 바르트 / 김주경	근간
129 번영의 비참	P. 브뤼크네르 / 이창실	근간
130 무사도란 무엇인가	新渡戶稻造 / 沈雨晟	7,000원

【東文選 文藝新書】

1 저주받은 詩人들	A. 뻬이르 / 최수철·김종호	개정근간
2 민속문화론서설	沈雨晟	40,000원
3 인형극의 기술	A. 훼도토프 / 沈雨晟	8,000원
4 전위연극론	J. 로스 에반스 / 沈雨晟	12,000원
5 남사당패연구	沈雨晟	10,000원
6 현대영미회곡선(전4권)	N. 코워드 外 / 李辰洙	절판
7 행위예술	L. 골드버그 / 沈雨晟	절판
8 문예미학	蔡 儀 / 姜慶鎬	절판
9 神의 起源	何 新 / 洪 熹	16,000원
10 중국예술정신	徐復觀 / 權德周 外	24,000원
11 中國古代書史	錢存訓 / 金允子	14,000원
12 이미지 — 시각과 미디어	J. 버거 / 편집부	12,000원
13 연극의 역사	P. 하트놀 / 沈雨晟	절판
14 詩 論	朱光潛 / 鄭相泓	9,000원
15 탄트라	A. 무케르지 / 金龜山	10,000원
16 조선민족무용기본	최승희	15,000원
17 몽고문화사	D. 마이달 / 金龜山	8,000원
18 신화 미술 제사	張光直 / 李 徹	10,000원
19 아시아 무용의 인류학	宮尾慈良 / 沈雨晟	절판
20 아시아 민족음악순례	藤井知昭 / 沈雨晟	5,000원
21 華夏美學	李澤厚 / 權 瑚	15,000원
22 道	張立文 / 權 瑚	18,000원
23 朝鮮의 占卜과 豫言	村山智順 / 金禧慶	15,000원
24 원시미술	L. 아담 / 金仁煥	16,000원
25 朝鮮民俗誌	秋葉隆 / 沈雨晟	12,000원
26 神話의 이미지	J. 캠벨 / 扈承喜	근간
27 原始佛敎	中村元 / 鄭泰爀	8,000원
28 朝鮮女俗考	李能和 / 金尙憶	24,000원
29 朝鮮解語花史(조선기생사)	李能和 / 李在崑	25,000원
30 조선창극사	鄭魯湜	7,000원
31 동양회화미학	崔炳植	9,000원
32 性과 결혼의 민족학	和田正平 / 沈雨晟	9,000원
33 農漁俗談辭典	宋在璇	12,000원
34 朝鮮의 鬼神	村山智順 / 金禧慶	12,000원
35 道敎와 中國文化	葛兆光 / 沈揆昊	15,000원

36 禪宗과 中國文化	葛兆光 / 鄭相泓 · 任炳權	8,000원
37 오페라의 역사	L. 오레이 / 류연희	절판
38 인도종교미술	A. 무케르지 / 崔炳植	14,000원
39 힌두교의 그림언어	안넬리제 外 / 全在星	9,000원
40 중국고대사회	許進雄 / 洪 熹	22,000원
41 중국문화개론	李宗桂 / 李宰碩	15,000원
42 龍鳳文化源流	王大有 / 林東錫	25,000원
43 甲骨學通論	王宇信 / 李宰碩	근간
44 朝鮮巫俗考	李能和 / 李在崑	20,000원
45 미술과 페미니즘	N. 부루드 外 / 扈承喜	9,000원
46 아프리카미술	P. 윌레프 / 崔炳植	절판
47 美의 歷程	李澤厚 / 尹壽榮	22,000원
48 曼茶羅의 神들	立川武藏 / 金龜山	19,000원
49 朝鮮歲時記	洪錫謨 外 / 李錫浩	30,000원
50 하 상	蘇曉康 外 / 洪 熹	절판
51 武藝圖譜通志 實技解題	正 祖 / 沈雨晟 · 金光錫	15,000원
52 古文字學첫걸음	李學勤 / 河永三	14,000원
53 體育美學	胡小明 / 閔永淑	10,000원
54 아시아 美術의 再發見	崔炳植	9,000원
55 曆과 占의 科學	永田久 / 沈雨晟	8,000원
56 中國小學史	胡奇光 / 李宰碩	20,000원
57 中國甲骨學史	吳浩坤 外 / 梁東淑	35,000원
58 꿈의 철학	劉文英 / 河永三	22,000원
59 女神들의 인도	立川武藏 / 金龜山	19,000원
60 性의 역사	J. L. 플랑드렝 / 편집부	18,000원
61 쉬르섹슈얼리티	W. 챠드윅 / 편집부	10,000원
62 여성속담사전	宋在璇	18,000원
63 박재서희곡선	朴栽緒	10,000원
64 東北民族源流	孫進己 / 林東錫	13,000원
65 朝鮮巫俗의 硏究(상 · 하)	赤松智城 · 秋葉隆 / 沈雨晟	28,000원
66 中國文學 속의 孤獨感	斯波六郎 / 尹壽榮	8,000원
67 한국사회주의 연극운동사	李康列	8,000원
68 스포츠인류학	K. 블랑챠드 外 / 박기동 外	12,000원
69 리조복식도감	리팔찬	절판
70 娼 婦	A. 꼬르벵 / 李宗旼	22,000원
71 조선민요연구	高晶玉	30,000원
72 楚文化史	張正明 / 南宗鎭	26,000원
73 시간, 욕망, 그리고 공포	A. 코르뱅 / 변기찬	18,000원
74 本國劍	金光錫	40,000원
75 노트와 반노트	E. 이오네스코 / 박형섭	절판
76 朝鮮美術史硏究	尹喜淳	7,000원
77 拳法要訣	金光錫	20,000원

78 艸衣選集	艸衣意恂 / 林鍾旭	14,000원
79 漢語音韻學講義	董少文 / 林東錫	10,000원
80 이오네스코 연극미학	C. 위베르 / 박형섭	9,000원
81 중국문자훈고학사전	全廣鎭 편역	15,000원
82 상말속담사전	宋在璇	10,000원
83 書法論叢	沈尹默 / 郭魯鳳	8,000원
84 침실의 문화사	P. 디비 / 편집부	9,000원
85 禮의 精神	柳 肅 / 洪 熹	20,000원
86 조선공예개관	沈雨晟 편역	30,000원
87 性愛의 社會史	J. 솔레 / 李宗旼	18,000원
88 러시아미술사	A. I. 조토프 / 이건수	22,000원
89 中國書藝論文選	郭魯鳳 選譯	25,000원
90 朝鮮美術史	關野貞 / 沈雨晟	근간
91 美術版 탄트라	P. 로슨 / 편집부	8,000원
92 군달리니	A. 무케르지 / 편집부	9,000원
93 카마수트라	바쨔야나 / 鄭泰爀	10,000원
94 중국언어학총론	J. 노먼 / 全廣鎭	18,000원
95 運氣學說	任應秋 / 李宰碩	8,000원
96 동물속담사전	宋在璇	20,000원
97 자본주의의 아비투스	P. 부르디외 / 최종철	6,000원
98 宗敎學入門	F. 막스 뮐러 / 金龜山	10,000원
99 변 화	P. 바츨라빅크 外 / 박인철	10,000원
100 우리나라 민속놀이	沈雨晟	15,000원
101 歌訣(중국역대명언경구집)	李宰碩 편역	20,000원
102 아니마와 아니무스	A. 융 / 박해순	8,000원
103 나, 너, 우리	L. 이리가라이 / 박정오	12,000원
104 베케트연극론	M. 푸크레 / 박형섭	8,000원
105 포르노그래피	A. 드워킨 / 유혜련	12,000원
106 셸 링	M. 하이데거 / 최상욱	12,000원
107 프랑수아 비용	宋 勉	18,000원
108 중국서예 80제	郭魯鳳 편역	16,000원
109 性과 미디어	W. B. 키 / 박해순	12,000원
110 中國正史朝鮮列國傳(전2권)	金聲九 편역	120,000원
111 질병의 기원	T. 매큐언 / 서 일·박종연	12,000원
112 과학과 젠더	E. F. 켈러 / 민경숙·이현주	10,000원
113 물질문명·경제·자본주의	F. 브로델 / 이문숙 外	절판
114 이탈리아인 태고의 지혜	G. 비코 / 李源斗	8,000원
115 中國武俠史	陳 山 / 姜鳳求	18,000원
116 공포의 권력	J. 크리스테바 / 서민원	23,000원
117 주색잡기속담사전	宋在璇	15,000원
118 죽음 앞에 선 인간(상·하)	P. 아리에스 / 劉仙子	각권 8,000원
119 철학에 대하여	L. 알튀세르 / 서관모·백승욱	12,000원

120 다른 곳	J. 데리다 / 김다은·이혜지		10,000원
121 문학비평방법론	D. 베르제 外 / 민혜숙		12,000원
122 자기의 테크놀로지	M. 푸코 / 이희원		16,000원
123 새로운 학문	G. 비코 / 李源斗		22,000원
124 천재와 광기	P. 브르노 / 김웅권		13,000원
125 중국은사문화	馬 華·陳正宏 / 강경범·천현경		12,000원
126 푸코와 페미니즘	C. 라마자노글루 外 / 최 영 外		16,000원
127 역사주의	P. 해밀턴 / 임옥희		12,000원
128 中國書藝美學	宋 民 / 郭魯鳳		16,000원
129 죽음의 역사	P. 아리에스 / 이종민		18,000원
130 돈속담사전	宋在璇 편		15,000원
131 동양극장과 연극인들	김영무		15,000원
132 生育神과 性巫術	宋兆麟 / 洪 熹		20,000원
133 미학의 핵심	M. M. 이턴 / 유호전		14,000원
134 전사와 농민	J. 뒤비 / 최생열		18,000원
135 여성의 상태	N. 에니크 / 서민원		22,000원
136 중세의 지식인들	J. 르 고프 / 최애리		18,000원
137 구조주의의 역사(전4권)	F. 도스 / 이봉지 外	각권	13,000원
138 글쓰기의 문제해결전략	L. 플라워 / 원진숙·황정현		20,000원
139 음식속담사전	宋在璇 편		16,000원
140 고전수필개론	權 瑚		16,000원
141 예술의 규칙	P. 부르디외 / 하태환		23,000원
142 "사회를 보호해야 한다"	M. 푸코 / 박정자		20,000원
143 페미니즘사전	L. 터틀 / 호승희·유혜련		26,000원
144 여성심벌사전	B. G. 워커 / 정소영		근간
145 모데르니테 모데르니테	H. 메쇼닉 / 김다은		20,000원
146 눈물의 역사	A. 벵상뷔포 / 이자경		18,000원
147 모더니티입문	H. 르페브르 / 이종민		24,000원
148 재생산	P. 부르디외 / 이상호		18,000원
149 종교철학의 핵심	W. J. 웨인라이트 / 김희수		18,000원
150 기호와 몽상	A. 시몽 / 박형섭		22,000원
151 융분석비평사전	A. 새뮤얼 外 / 민혜숙		16,000원
152 운보 김기창 예술론연구	최병식		14,000원
153 시적 언어의 혁명	J. 크리스테바 / 김인환		20,000원
154 예술의 위기	Y. 미쇼 / 하태환		15,000원
155 프랑스사회사	G. 뒤프 / 박 단		16,000원
156 중국문예심리학사	劉偉林 / 沈揆昊		30,000원
157 무지카 프라티카	M. 캐넌 / 김혜중		25,000원
158 불교산책	鄭泰爀		20,000원
159 인간과 죽음	E. 모랭 / 김명숙		23,000원
160 地中海(전5권)	F. 브로델 / 李宗旼		근간
161 漢語文字學史	黃德實·陳秉新 / 河永三		24,000원

162 글쓰기와 차이	J. 데리다 / 남수인	28,000원
163 朝鮮神事誌	李能和 / 李在崑	근간
164 영국제국주의	S. C. 스미스 / 이태숙 · 김종원	16,000원
165 영화서술학	A. 고드로 · F. 조스트 / 송지연	17,000원
166 美學辭典	사사키 겐이치 / 민주식	22,000원
167 하나이지 않은 성	L. 이리가라이 / 이은민	18,000원
168 中國歷代書論	郭魯鳳 譯註	25,000원
169 요가수트라	鄭泰爀	15,000원
170 비정상인들	M. 푸코 / 박정자	25,000원
171 미친 진실	J. 크리스테바 外 / 서민원	25,000원
172 디스탱숑(상 · 하)	P. 부르디외 / 이종민	근간
173 세계의 비참(전3권)	P. 부르디외 外 / 김주경	각권 26,000원
174 수묵의 사상과 역사	崔炳植	근간
175 파스칼적 명상	P. 부르디외 / 김웅권	22,000원
176 지방의 계몽주의	D. 로슈 / 주명철	30,000원
177 이혼의 역사	R. 필립스 / 박범수	25,000원
178 사랑의 단상	R. 바르트 / 김희영	근간
179 中國書藝理論體系	熊秉明 / 郭魯鳳	23,000원
180 미술시장과 경영	崔炳植	16,000원
181 카프카 — 소수적인 문학을 위하여 G. 들뢰즈 · F. 가타리 / 이진경		13,000원
182 이미지의 힘 — 영상과 섹슈얼리티 A. 쿤 / 이형식		13,000원
183 공간의 시학	G. 바슐라르 / 곽광수	근간
184 랑데부 — 이미지와의 만남	J. 버거 / 임옥희 · 이은경	근간
185 푸코와 문학 — 글쓰기의 계보학을 향하여 S. 듀링 / 오경심 · 홍유미		근간
186 각색, 연극에서 영화로	A. 엘보 / 이선형	16,000원
187 폭력과 여성들	C. 도펭 外 / 이은민	18,000원
188 하드 바디 — 할리우드 영화에 나타난 남성성 S. 제퍼드 / 이형식		18,000원
189 영화의 환상성	J. -L. 뢰트라 / 김경온 · 오일환	18,000원
190 번역과 제국	D. 로빈슨 / 정혜욱	16,000원
191 그라마톨로지에 대하여	J. 데리다 / 김웅권	근간
192 보건 유토피아	R. 브로만 外 / 서민원	근간
193 현대의 신화	R. 바르트 / 이화여대기호학연구소	20,000원
194 중국회화백문백답	郭魯鳳	근간
195 고서화감정개론	徐邦達 / 郭魯鳳	근간
196 상상의 박물관	A. 말로 / 김웅권	근간
197 부빈의 일요일	J. 뒤비 / 최생열	근간
198 아인슈타인의 최대 실수	D. 골드스미스 / 박범수	근간
199 유인원, 사이보그, 그리고 여자 D. 해러웨이 / 민경숙		25,000원
200 공동생활 속의 개인주의	F. 드 생글리 / 최은영	근간
201 기식자	M. 세르 / 김웅권	24,000원
202 연극미학 — 플라톤에서 브레히트까지의 텍스트들 J. 셰레 外 / 홍지화		근간
203 철학자들의 신(전2권)	W. 바이셰델 / 최상욱	근간

204 고대세계의 정치	M. I. 포리 / 최생열	근간
205 카프카의 고독	M. 로베르 / 이창실	근간
206 문화 학습 — 실천적 입문서	J. 자일즈 · T. 미들턴 / 장성희	근간
207 호모 아카데미쿠스	P. 부르디외 / 임기대	근간
208 朝鮮槍棒敎程	金光錫	40,000원
209 자유의 순간	P. M. 코헨 / 최하영	근간
210 밀교의 세계	鄭泰爀	근간
211 토탈 스크린	J. 보드리야르 / 배영달	19,000원

【기 타】

▨ 모드의 체계	R. 바르트 / 이화여대기호학연구소	18,000원
▨ 텍스트의 즐거움	R. 바르트 / 김희영	15,000원
▨ 라신에 관하여	R. 바르트 / 남수인	10,000원
▨ 說 苑 (上 · 下)	林東錫 譯註	각권 30,000원
▨ 晏子春秋	林東錫 譯註	30,000원
▨ 西京雜記	林東錫 譯註	20,000원
▨ 搜神記 (上 · 下)	林東錫 譯註	각권 30,000원
■ 경제적 공포[메디시스賞 수상작]	V. 포레스테 / 김주경	7,000원
■ 古陶文字徵	高 明 · 葛英會	20,000원
■ 古文字類編	高 明	절판
■ 金文編	容 庚	36,000원
■ 고독하지 않은 홀로되기	P. 들레름 · M. 들레름 / 박정오	8,000원
■ 그리하여 어느날 사랑이여	이외수 편	6,500원
■ 딸에게 들려 주는 작은 지혜	N. 레흐레이트너 / 양영란	6,500원
■ 노력을 대신하는 것은 없다	R. 쉬이 / 유혜련	5,000원
■ 미래를 원한다	J. D. 로스네 / 문 선 · 김덕희	8,500원
■ 사랑의 존재	한용운	3,000원
■ 산이 높으면 마땅히 우러러볼 일이다	유 향 / 임동석	5,000원
■ 서기 1000년과 서기 2000년 그 두려움의 흔적들	J. 뒤비 / 양영란	8,000원
■ 서비스는 유행을 타지 않는다	B. 바게트 / 정소영	5,000원
■ 선종이야기	홍 희 편저	8,000원
■ 섬으로 흐르는 역사	김영희	10,000원
■ 세계사상	창간호~3호: 각권 10,000원 / 4호: 14,000원	
■ 십이속상도안집	편집부	8,000원
■ 어린이 수묵화의 첫걸음(전6권)	趙 陽 / 편집부	각권 5,000원
■ 오늘 다 못다한 말은	이외수 편	7,000원
■ 오블라디 오블라다, 인생은 브래지어 위를 흐른다	무라카미 하루키 / 김난주	7,000원
■ 인생은 앞유리를 통해서 보라	B. 바게트 / 박해순	5,000원
■ 잠수복과 나비	J. D. 보비 / 양영란	6,000원
■ 천연기념물이 된 바보	최병식	7,800원
■ 原本 武藝圖譜通志	正祖 命撰	60,000원
■ 隸字編	洪鈞陶	40,000원

■ 테오의 여행 (전5권)	C. 클레망 / 양영란	각권 6,000원
■ 한글 설원 (상·중·하)	임동석 옮김	각권 7,000원
■ 한글 안자춘추	임동석 옮김	8,000원
■ 한글 수신기 (상·하)	임동석 옮김	각권 8,000원

【이외수 작품집】

■ 겨울나기	창작소설	7,000원
■ 그대에게 던지는 사랑의 그물	에세이	7,000원
■ 꿈꾸는 식물	장편소설	7,000원
■ 내 잠 속에 비 내리는데	에세이	7,000원
■ 들 개	장편소설	7,000원
■ 말더듬이의 겨울수첩	에스프리모음집	7,000원
■ 벽오금학도	장편소설	7,000원
■ 장수하늘소	창작소설	7,000원
■ 칼	장편소설	7,000원
■ 풀꽃 술잔 나비	서정시집	4,000원
■ 황금비늘 (1·2)	장편소설	각권 7,000원

【조병화 작품집】

■ 공존의 이유	제11시점	5,000원
■ 그리운 사람이 있다는 것은	제45시집	5,000원
■ 길	애송시모음집	10,000원
■ 개구리의 명상	제40시집	3,000원
■ 꿈	고회기념자선시집	10,000원
■ 따뜻한 슬픔	제49시집	5,000원
■ 버리고 싶은 유산	제 1시집	3,000원
■ 사랑의 노숙	애송시집	4,000원
■ 사랑의 여백	애송시화집	5,000원
■ 사랑이 가기 전에	제 5시집	4,000원
■ 남은 세월의 이삭	제 52시집	6,000원
■ 시와 그림	애장본시화집	30,000원
■ 아내의 방	제44시집	4,000원
■ 잠 잃은 밤에	제39시집	3,400원
■ 패각의 침실	제 3시집	3,000원
■ 하루만의 위안	제 2시집	3,000원

東文選 文藝新書 173

세계의 비참 (전3권)

피에르 부르디외 外

김주경 옮김

　사회적 불행의 형태에 대한 사회학적 투시 —— 피에르 부르디외와 22명의 사회학자들의 3년 작업. 사회적 조건의 불행, 사회적 위치의 불행, 그리고 개인적 고통에 대한 그들의 성찰적 지식 공개.

　우리의 삶 한편에는 국민들의 일상적인 삶에 대해 무지한 정치 책임자들이 있고, 그 다른 한편에는 힘겹고 버거운 삶에 지쳐서 하고 싶은 말조차 할 수 없는 사람들이 있다. 이들을 바라보면서 어떤 사람들은 여론에 눈을 고정시키기도 하고, 또 어떤 사람들은 그들의 불행에 대해 항의를 표하기도 한다. 물론 이들이 항의를 할 수 있는 것은 자신들이 그 불행에서 벗어나 있기에 가능한 것이다.

　여기 한 팀의 사회학자들이 피에르 부르디외의 지휘 아래 3년에 걸쳐서 몰두한 작업이 있다. 그들은 대규모 공영주택 단지·학교·사회복지회 직원, 노동자, 하층 무산계급, 사무직원, 농부, 그리고 가정이라는 세계 속에 비참한 사회적 산물이 어떠한 현대적인 형태를 띠고 나타나는지를 이해하고자 했다. 그들이 본 각각의 세계에는 저마다 고유한 갈등 구조들이 형성되어 있었고, 그 안에서 발생하는 고통을 직접 몸으로 체험한 자들만이 말할 수 있는 진실들이 있었다.

　이 책은 버려진 채 병원에 누워 있는 전직 사회복지 가정방문원이라든가, 노동자 계층의 고아 출신인 금속기계공, 정당한 권리를 찾지 못하고 떠돌아다닐 수밖에 없는 집 없는 사람들, 도시 폭력의 희생자가 된 고등학교 교장과 교사들, 빈민 교외 지역의 하급 경찰관, 그리고 이들과 함께 살아가는 수많은 사람들의 만성적이면서도 새로운 삶의 고통을 이야기한다.

東文選 現代新書 80

무관심의 절정

장 보드리야르
이은민 옮김

현재 프랑스를 대표하는 철학자 중의 한 사람인 장 보드리야르와 철학 박사이자 기자인 필리프 프티와의 대담.

차이를 경험하는 모든 것은 무관심에 의해 사라질 것이다. 가치를 경험하는 모든 것은 등가성에 의해 소멸될 것이다. 의미를 경험하는 모든 것은 무의미에 의해 죽어 갈 것이다. 그리고 우리가 마지못해 모든 것을 비축하고, 모든 것을 기록하며, 모든 것을 보존하는 이유는 우리가 더이상 무엇이 참이고 무엇이 거짓인지를 모르기 때문에, 무엇이 옳고 무엇이 그른지 모르기 때문에, 무엇이 가치 있고 무엇이 무가치한지를 모르기 때문이다.

우리는 가치들의 변화를 변모와 교체했고, 가치들의 상호적 변모에 가치들 서로에 대한 무관심과 혼돈, 어떤 점에서는 이 가치들의 변이적 가치 하락과 교체했다. 가장 나쁜 것이 이 모든 가치들을 재평가하는, 그리고 이 가치들의 무관심한 변환을 재평가하는 현대의 상황이다. 가치들의 감염을 유발하는 지나친 기능성에 의한 유용성과 무용성의 구분 자체는 더 이상 제기될 수 없다——이것이 용도라는 가치의 종말이다. 진실은 진실보다 더한 진실 속에서, 진실한 것이 되기에는 너무나 지나친 진실 속에서 소멸된다——이것이 위장의 지배이다. 거짓은 거짓이 되기에는 너무나 지나친 거짓 속에 흡수된다——이것이 미학적 환상의 종말이다. 그리고 악의 파괴는 선의 파괴보다 훨씬 고통스럽고, 거짓의 파괴는 진실의 파괴보다 훨씬 더 고통스럽다.

東文選 現代新書 116

공포의 권력

줄리아 크리스테바

서민원 옮김

이 책은 크리스테바가 셀린의 전기적·정치문학적인 경험을 대상으로 한 텍스트를 구상하면서 쓴 책이다. 셀린을 연구하면서, 크리스테바는 셀린이 개인적으로는 질병과 육체의 붕괴나 윤리·도덕의 피폐, 사회적으로는 가족과 집단 공동체의 붕괴 및 제1·2차 세계대전 등이 그에게 편집증적으로 집중되는 주제인 것에 관심을 가지고, 그 지긋지긋한 상태에 대한 접근 방법으로 아브젝시옹을 선택한다.

이 책의 제Ⅰ장은 아브젝시옹에 대한 현상학적 접근 방법으로 이루어져 있다. 제Ⅱ장은 크리스테바가 직접 몸담고 있는 정신분석학적인 접근 방법으로서, 공포증과 경계례의 구조에 의거하여 아브젝시옹의 개념을 명확히 하려는 시도로 이루어져 있다. 제Ⅲ장은 오래 전부터 인간의 의식(儀式)들 속에서 행해지는 정화 행위의 본질이란, 아브젝시옹을 통한 의식이라는 사실에 초점이 맞추어져 있다. 제Ⅳ장과 제Ⅴ장 역시 동서고금을 통해 모든 종교가 억압하려는 아브젝시옹이야말로 종교의 다른 한 면이자 종교 자체를 존재케 하는 힘이라는 사실을 강조한다. 제Ⅵ장에서부터는 셀린의 정치 팜플렛을 중심으로 한 정치·전기·문학상의 경험을 형상화한다.

이 책은 지식의 전달만을 그 목적으로 하지 않는다. 셀린이라는 한 작가의 문학적 경험을 통해, 그다지 중요해 보이지 않는 아브젝시옹이라는 주제에 크리스테바가 그토록 심혈을 기울인 뒤안에는 나름의 이유가 있다. 그 비참과 욕지기나는 더러움이 불러일으키는 통쾌함, 정화 작용의 의미를 되새기면서 현대를 살아가는 우리가 발견해야 할 것들을 가르쳐 주는 것이다.

東文選 現代新書 81

영원한 황홀

파스칼 브뤼크네르

김웅권 옮김

"당신은 행복해지기 위해 사는가?"

당신은 왜 사는가? 전통적으로 많이 들어온 유명한 답변 중 하나는 "행복해지기 위해서 산다"이다. 이때 '행복'은 우리에게 목표가 되고, 스트레스가 되며, 역설적으로 불행의 원천이 된다. 브뤼크네르는 그러한 '행복의 강박증'으로부터 당신을 치유하기 위해 이 책을 썼다. 프랑스의 전 언론이 기립박수에 가까운 찬사를 보낸 이 책은 사실상 석 달 가까이 베스트셀러 1위를 지켜내면서 프랑스를 '들었다 놓은' 철학 에세이이다.

"어떻게 지내십니까? 잘 지내시죠?"라고 묻는 인사말에도 상대에게 행복을 강제하는 이데올로기가 숨쉬고 있다. 당신은 행복을 숭배하고 있다. 그것은 서구 사회를 침윤하고 있는 집단적 마취제다. 당신은 인정해야 한다. 불행도 분명 삶의 뿌리다. 그 뿌리는 결코 뽑히지 않는다. 이것을 받아들일 때 당신은 '행복의 의무'로부터 해방될 것이고, 행복하지 않아도 부끄럽지 않게 될 것이다.

대신 저자는 자유롭고 개인적인 안락을 제안한다. '행복은 어림치고 접근해서 조용히 잡아야 하는 것'이다. 현대인들의 '저속한 허식'인 행복의 웅덩이로부터 당신 자신을 건져내라. 그때 '빛나지도 계속되지도 않는 것이 지닌 부드러움과 덧없음'이 당신을 따뜻이 안아 줄 것이다. 그곳에 영원한 만족감이 있다.

중세에서 현대까지 동서의 명현석학과 문호들을 풍부하게 인용하는 저자의 깊은 지식샘, 그리고 혀끝에 맛을 느끼게 해줄 듯 명징하게 떠오르는 탁월한 비유 문장들은 이 책을 오래오래 되읽고 싶은 욕심을 갖게 한다. 독자들께 권해 드린다.　　　　　── 조선일보, 2001. 11. 3.

東文選 文藝新書 159

인간과 죽음

에드가 모랭
김명숙 옮김

인문과학은 항상 죽음을 소홀히 한다. 그런데 인류학이란 무엇인가? 죽음에 대한 기본 테마들이 생의 기본적 과정의 신화적인 전이와 은유라면, 그것은 그 테마들이 개체와 종 사이의 인류학적인 틈을 메우기 때문이고, 또 죽음의 거부에 응하기 때문이며, 죽음의 괴로움을 진정시키기 때문이다. 여기에서 우리는 인류학적인 연결점을 뛰어넘는다.

죽음은 인간을 동물과 동일시시켜 주는 것이기도 하고, 또한 동물로부터 인간을 구분지어 주는 것이기도 하다. 모든 생명체처럼 인간도 죽음을 피할 수는 없다. 그러나 인간만이 예외적으로 '저세상'에 대한 믿음으로 죽음을 부정한다.

에드가 모랭은 인간들과 여러 문화로부터 죽음에 대한 기본 태도들을 끄집어 낸다. 즉 그는 죽음에 대한 공포, 죽음의 무릅씀, 살해를 살피는데, 특히 죽음으로부터 생겨난 인류의 커다란 두 신화인 사후생에 대한 신화와 다시 태어남에 대한 신화를 살핀다. 또한 저자는 인류 역사의 여러 대문명 속에 있는 죽음에 관한 믿음들을 고찰하면서 죽음에 대한 현대적 위기에 도달하고, 생과 죽음의 관계에 대한 생물학적인 새로운 발상에 도달한다.

에드가 모랭은 소르본대학교에서 역사·사회학·경제학·철학·법학을 공부한 프랑스의 대표적인 사회학자이자 문명비평가이다. 그는 위의 연구 분야 외에 인류학·생물학·물리학·생태학·환경학에 이르기까지 다양한 학문 분야를 넘나들며, 현대의 인간·사회·문화에 대한 조사·연구를 하여 수많은 저서를 내고 있다. 그의 대표작이자 이 방면의 고전으로 자리한 《인간과 죽음》은 30세라는 젊은 나이에 죽음에 대한 다원적이고 종합적인 연구 성과를 내놓은 것이다.

東文選 文藝新書 175

파스칼적 명상

피에르 부르디외
김웅권 옮김

어느 정도 성취를 이룬 인간은 인간에 대한 관념을 내놓아야 한다. 《파스칼적 명상》이라는 제목이 암시해 주듯이, 본서는 기독교 옹호론자가 아닌 실존철학자로서의 파스칼의 심원한 사유 영역으로부터 출발해 인간과 세계에 대한 새로운 통찰을 제시하고 있다. 본서의 입장에서 볼 때 파스칼의 사상에서 중요한 것은, 인간 사유의 선험적 토대를 전제하지 않고 인간 정신의 모든 결정물들을 이것들을 낳은 실존적 조건들로 되돌려 놓고 있다는 것이다.

사실 사유에 대한 가장 근원적인 문제 제기들은 세계와 실제에 대해 거리를 두고 있는 상태에 대한 문제 제기에서 출발한다. 우리는 이러한 방법적 비판을 파스칼 속에서 이루어 낼 수 있다. 왜냐하면 그의 인류학적 고찰은 학구적 시선이 무시할 수밖에 없는 인간 존재의 특징들로 향하고 있기 때문이다. 그리고 또 하나의 이유는 그가 인간학이 스스로의 해방을 이룩하기 위해 수행해야 하는 상징적 슬로건을 제공하기 때문이다. 이 슬로건은 "진정한 철학은 철학을 조롱한다"이다.

이 책은 실제의 세계와 단절된 고독한 상아탑 속에 갇힌 철학자들이 추상적인 사유를 통해 주조해 낸 전통적 인간상을 송두리째 뒤흔들고 있다. 부르디외는 사회학자로서 기존 철학에 정면으로 도전하면서, 인간 존재의 실존적 접근을 새로운 각도에서 모색함으로써 전혀 다른 존재의 모습을 제시하고 있다. 그것은 사르트르류의 실존적 인간과는 또 다른 인간의 이미지이다. 그것은 관념적 유희로부터 비롯된 당위적이거나 이상적 이미지, 즉 허구가 아니라 삶의 현장 속에 살아 움직이는 실천적 이미지인 것이다.